진짜 성장,
진짜 대한민국

진짜 성장, 진짜 대한민국
국민주권정부의 경제성장전략 해설서

글 이한주, 강경훈, 박민수, 한재준
발행일 2025년 9월 30일 초판 1쇄

발행처 다반
발행인 노승현
출판등록 제2011-08호(2011년 1월 20일)
주소 서울특별시 마포구 양화로81 H스퀘어 320호
전화 02-868-4979 **팩스** 02-868-4978

이메일 davanbook@naver.com
인스타그램 @davanbook

ⓒ 2025, 이한주, 강경훈, 박민수, 한재준

ISBN 979-11-94267-43-0 03320

이한주
강경훈
박민수
한재준

국민
주권정부의
경제성장전략
해설서

진짜 성장,
진짜 대한민국

다반

프롤로그

국민주권정부의
진짜성장

　2024년 12월 3일 대한민국의 시간은 잠시 멈춘 듯했다. 밤 10시 27분, 대통령의 입에서 내뱉어진 '비상계엄'이라는 단어가 전파를 타고 전국에 퍼졌다. 국회를 비롯한 모든 정치활동이 중단되고 언론과 출판은 군의 통제 아래 놓인다는 포고령이 내려졌다. 몇 시간 뒤, 국회의사당 앞에 몰려든 시민들의 분노와 간절한 해제 요구가 정족수를 채운 국회의 표결로 이어지며, 계엄령은 6시간 만에 막을 내렸다. 그러나 그 짧은 6시간은 수십 년 동안 시민들의 피와 땀으로 쌓아 올린 민주주의의 토대가 얼마나 쉽게 흔들릴 수 있는지를 보여 준 잔혹한 경고였다.
　많은 사람들은 이 사건을 민주주의 정치의 붕괴라고 기억한다. 그러나 더 깊이 들여다보면, 그날의 계엄은 단순한 정치적 사건을 넘어 한국 사회가 이미 오래전부터 안고 있던 균열을 드러낸 것이었다. 정치의 균열은 언제나 경제의 균열을 따라온다. 경제가 제대로 작동하지 못할 때, 사회의 기초는 금세 부서지기 시작한다. 민주주의라는 거대한 건물도, 사실은 튼튼한 경제라는 기초 위에 서 있는 집이다. 그 기초가 약해지면 건물은 삐걱거리고, 결국은 무너질 수 있다. 어쩌면 비상계엄은 우리 경제의 약해진 심장 박동과 막혀 버린 혈관을 극적으로 드러낸 사건이었는지 모른다.

한국의 경제 발전사는 눈부셨다. 전쟁의 재로 뒤덮인 폐허에서, 우리는 아무것도 없는 빈손으로 기적을 만들었다. 50년도 채 안 되는 시간 동안 개발도상국에서 선진국으로 도약한 나라는 세계사에서 손에 꼽힌다. 그러나 불행히도, 그 찬란한 성공의 빛은 너무 빨리 바래고 있다. 과거 우리를 세계 무대에 올려놓았던 주력 산업은 더 이상 예전의 힘을 내지 못한다. 철강, 석유화학, 반도체, 자동차 등 한때 한국 경제의 기둥이었던 산업들이 중국의 숨 가쁜 추격 속에서 점점 흔들리고 있다. 2000년대 초반만 해도 연 5%를 넘나들던 성장률은 이제 1%대에 머물고, '저성장'이라는 단어가 마치 우리 경제의 새 이름처럼 굳어지고 있다.

성장이 멈춘다는 것은 단순히 숫자의 변화가 아니다. 그것은 사회 전체의 숨이 가빠진다는 뜻이다. 성장률의 하락은 청년들에게 미래를 설계할 토대를 빼앗고, 사회적 약자들에게는 더 이상 기회의 사다리가 놓이지 않음을 의미한다. 기회가 줄어들면 불평등의 골은 자연스럽게 깊어진다. 이미 가진 사람은 더 많은 것을 지키려 하고, 가지지 못한 사람은 기회에서 점점 더 멀어진다. 피가 흐르지 않으면 장기는 살아남을 수 없듯, 부와 기회가 흐르지 않으면 국가는 버티지 못한다.

그동안 수많은 정부가 경제성장을 외쳤지만, 결과는 기대에 미치지 못했다. 지난 정부의 3년은 '블록버스터 경제'라는 화려한 간판을 걸었지만, 국민은 그 어떤 체감도 하지 못한 채 더 깊은 불황 속으로 밀려났다. 소박한 동네 가게의 불빛이 하나둘 꺼지고, 한때 긴 줄이 늘어서던 식당들도 손님을 잃었다. 역대 정부들은 각기 다른 이름의 정책을 내세웠지만, 본질은 단기적인 성과를 위해 미래를 저당 잡는 방책들이었다. 4대강 사업은 막대한 돈을 쏟고도 반짝 효과만 남겼고, 부동산 중심의 정책은 청년 세대에게 감당하기 힘든 빚이라는 족쇄를 씌웠다. 지난 정부의 부자 감세 정책은 경기 부양은커녕 재정만 흔들고 서민 지원은 줄어들게 만들었다. 연구개발 투자가 삭감되고 과학기술인이 '카르텔'로 몰리는 동안, 경제를 다시 살릴 골든타임은 지나가고 있었다. 그 모든 역사는 결국 한 가지 결론을 보여 준다. 일시적인 반짝임은 지속 가능한 빛이 될 수 없고 오히려 더 깊은 어둠으로 우리를 인도할 수 있다는 것. 그런 성장은 결국 '가짜 성장'이다.

이제 우리에게 필요한 것은 전혀 다른 길이다. 단순히 수치를 끌어올리는 성장이 아니라, 경제의 근육과 뼈대를 새롭게 만드는 성장, 국민 모두가 경제의 움직임 속에서 자신의 자리를 갖고 그 성과를 직접 느끼는 성장, 즉, '진짜성장'이다. 과거 한국 경제의 수준을 빠르게 끌어올렸던 추격형 모델은 이제 제 역할을 다했다. 선진국의 길을 따라가는 것으로는 더 이상 충분하지 않다. 이제는 선진국들과 그 길을 나란히 달리거나, 때로는 앞서야 한다. 그건 모방이 아니라 창조의 영역이다. 신기술을 기반으로 한 미래산업은 물론 기존의 주력산업에서도 더 이상 단순한 노동력과 자본 투입 확대로만 성장하려는 전략은 먹히지 않는다. 대기업은 경쟁자의 혁신을 막아 지위를 지키려 하지 말고 스스로 혁신해야 한다. 중소기업 역시 정부의 보호 아래 안주하지 말고, 세계 무대를 향해 나아가야 한다.

그러나 이 전환은 쉽지 않다. 정부 정책의 틀, 금융의 시스템, 법과 제도, 교육과 연구의 방향까지, 지난 수십 년 동안 추격형 모델에 맞춰 쌓아 올린 구조를 바꿔야 한다. 익숙함에 안주하는 기득권의 저항, 변화를 두려워하는 관료의 망설임도 넘어서야 한다. 동시에 우리는 외부의 파도와도 싸워야 한다. 저출산, 투자 감소, 생산성 하락은 우리 안에서 터져 나오는 균열이고, 중국의 추격과 세계화의 후퇴는 밖에서 밀려오는 압력이다. 기후위기는 경제의 규칙을 다시 쓰고 있다. 안팎에서 동시에 밀려드는 이 파도 속에서, 한국 경제는 지금 위태로운 배 위에 서 있다.

이 책은 바로 그 흔들리는 배 위에서 쓰였다. 제목에 담긴 '진짜성장'은 단순한 수사나 정치적 구호가 아니다. 그것은 우리의 생존 조건이다. 진짜성장은 과거의 방식으로는 이룰 수 없다. 경제의 체질을 바꾸고, 혁신의 속도를 높이고, 무엇보다 그 과정에 국민 모두를 참여시켜야 한다. 소수의 성장이 아닌, 모두가 체감하는 성장. 잠시 반짝하는 것이 아닌, 긴 호흡으로 지속되는 성장. 그것이 우리가 그리는 새로운 길이다.

대한민국은 이미 두 번의 도약을 해냈다. 한강의 기적, 그리고 IT 혁명을 통한 선진국 진입. 이제 우리는 세 번째 도약의 문 앞에 서 있다. 목표는 분명하다. AI 3대 강국, 잠재성장률 3%, 국력 5강. 이 숫자들은 단순한 꿈이 아니라, 우리가 반드시 도달해야 할 현실이다. 기술주도 산업 대도약, 국민참여 성장, 공정경제와 상생이라는 세 축은 그를 향한 길이다.

이 책에서 우리는 목표로 가는 길을 자세히 그리고, 그것이 왜 우리가 따라야 할 길인지 설명하고자 한다. 1장에서는 한국 경제가 왜 이 길목에 서 있는지, 진짜성장이 무엇인지 그 비전을 제시한다. 2장에서는 AI 3대 강국으로 도약하고 미래전략산업을 육성하는 구체적인 전략을 다룬다. 3장에서는 에너지 전환과 산업 업그레이드를 통해 새로운 성장 엔진을 만드는 방법을, 4장에서는 중소벤처와 과학기술 혁신 생태계를 구축하는 길을 살펴본다. 5장에서는 지역 성장과 국토공간 혁신을 통해 국가 전체의 균형을 맞추는 방법을, 6장에서는 공정경제와 상생의 시장질서가 왜 진짜성장의 토대인지 설명한다. 그리고 마지막 장에서는 이 모든 전략을 성공적으로 실행하기 위해 필요한 사회제도적 토대를 다질 수 있는 방법들을 제시한다.

이제는 더 이상 가짜 성장은 필요 없다. 국민주권정부는 모두가 체감하고, 모두가 함께 만드는 진짜성장을 천명했다. 이 책은 그 첫걸음을 위한 지도이다. 그리고 그 길은 지금, 우리 앞에 놓여 있다.

차례

프롤로그 국민주권정부의 진짜성장 ⋯ 004

1 **진짜성장의 비전과 전략** ⋯ 011
2 **AI 3대 강국 진입과 미래전략산업 육성** ⋯ 031
3 **에너지 고속도로와 산업 업그레이드** ⋯ 073
4 **중소벤처 및 과학기술 혁신생태계 확립** ⋯ 113
5 **지역성장과 국토공간 혁신** ⋯ 161
6 **공정과 상생의 시장질서 구축** ⋯ 189
7 **대한민국 진짜성장의 기반** ⋯ 231

참고문헌 ⋯ 279

주 ⋯ 284

1

**진짜성장의
비전과 전략**

우리 경제는 위기인가?

한국 경제는 세계 역사에서 유사한 사례를 찾아보기 힘들 만큼 극적인 변화를 겪어 왔다. 한국전쟁의 폐허 속에서 불가능에 가까운 초고속 성장을 이루면서 50년 만에 도시국가를 제외하고는 세계 최초로 후진국에서 선진국의 반열에 올라선 국가가 되었다. 그러나 성장세의 감소 역시 극적으로 나타나 2000년대 초 5% 내외였던 경제성장률은 1%대까지 떨어졌고 최근에는 사상 처음 4개 분기 연속 0.1% 밑으로 떨어지는 참담한 상황에까지 이르렀다.

경제성장의 소멸은 사회의 역동성을 떨어뜨린다. 저성장은 기득권을 얻지 못한 청년층을 포함한 경제적 약자들의 미래 소득 기회를 축소시킨다. 기회의 축소는 기회를 얻는 사람과 못 얻는 사람 사이의 불평등을 심화시킨다. 기회의 불평등은 다시 성

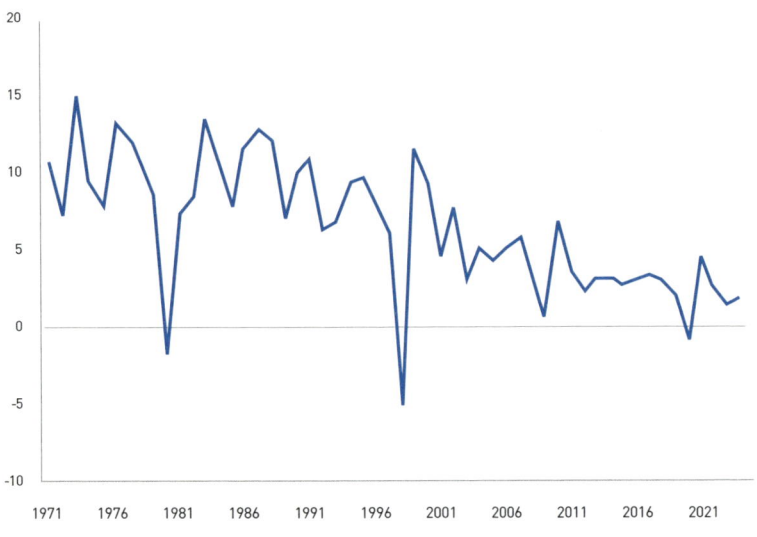

[그림 1-1] **한국 경제성장률 추이**
자료: 한국은행

장에 참여하는 영역을 축소시켜 성장잠재력을 떨어뜨리는 악순환을 초래한다.

경제성장론을 연구하는 한 저명 경제학자는 우리나라의 성장 하락세가 너무 빨라 매 5년마다 1퍼센트 포인트씩 경제성장률이 하락하여 조만간 0%대 성장률 시대에 이를 것이라 한 적이 있다(김세직, 2021). 지금의 하락 속도는 당시 학자의 전망보다 더 빨라질 것으로 보인다. 현재 추세로 가면 한국의 성장률은 '5년 1퍼센트 하락의 법칙'에 따라 지속적으로 하락하고, 갈수록 저성장-불평등의 함정에서 빠져나오는 것이 어려워질 것이다. 중진국 함정에 빠지지 않고 선진국으로 도약한 대한민국이었지만 이대로라면 선진국에서 중진국으로 떨어지게 되는 추락한 대한민국이 될 우려가 점점 커지고 있다.

이제 한국의 경제성장 추세를 상승 반전시키는 것은 시대적, 국가적 과제이다. 사실 역대 정부들 모두 성장을 강조했으나 저성장 추세를 반전시키는 데는 실패하였다. 2024년 정부는 "우리 경제는 블록버스터 경제"라고 자랑했지만, 실상 경제는 침체의 늪으로 빠져 들어가고 있었다. 불황은 경제의 약한 고리에 가장 큰 타격을 입히게 마련이다. 지역에서는 골목의 소박한 가게뿐만 아니라 소위 줄 서는 맛집들에서도 손님들이 들어찬 광경을 보기 힘들어졌다. 정부가 자화자찬하고 있던 그 시간에 지방의 많은 소상공인들은 견디기 어려운 영업 환경을 경험하고 있었던 것이다.

가짜 성장 정책은 지난 정부에서만 실행된 것이 아니었다. 4대강 사업에는 막대한 예산이 투입되었지만 소수만이 반짝 성장의 혜택을 독차지했다. 과거 정부의 '빚내서 집 사라' 정책은 생산적 투자에 사용되어야 할 자원을 부동산으로 몰았고 가계부채와 청년부채 문제를 심화시켰다. 부자 감세 정책은 공언하던 경기부양과 조세수입 증가효과를 전혀 이끌어 내지 못한 채 재정

건전성을 악화시키고 중산층과 서민에 대한 재정지원만 축소시켰다. 또한 과학기술인을 카르텔로 매도해 정부의 연구개발 투자를 깎고 불법 비상계엄으로 회생의 희망마저 좌절시켰다.

토목사업을 통한 반짝 성장, 소수만 과실을 누리는 성장, 다른 나라의 것을 모방해 얻는 성장은 '가짜 성장'이고, 이러한 성장은 지속될 수 없다. 이제는 근본 실력을 키우는 성장, 모두의 성장, 창조에 기반한 성장, 체감할 수 있는 성장인 '진짜성장'을 해야 할 때이다.

한국경제 저성장의 원인

경제성장의 모범 사례였던 대한민국의 성장률이 떨어지고 저성장이 추세로 굳어지고 있는 이유는 무엇인가? 무엇보다도 경제의 발전 정도와 국내외 경제환경의 변화에 맞추어 성장방식을 바꾸지 못하고 기존의 방식에서 벗어나지 못하는 것이 가장 큰 요인일 것이다.

1960년대 후반부터 30여 년간 지속된 우리나라의 성장방식은 한마디로 추격형 성장모델이라고 할 수 있다. 즉, 우리보다 많이 앞선 나라들의 기술과 생산방식을 우리나라 특유의 자원 집중과 인적자원의 능력을 활용하여 빠르게 학습하고 적용해 격차를 좁혀 왔던 것이다. 그러나 많은 분야에서 한국이 이미 선진국 수준에 도달하거나 선진국과 격차가 많이 좁혀진 지금의 상황에서는 더 이상 단순한 모방만으로 빠른 성장을 이루어 낼 수가 없다. 이제는 추격이 아니라 선진국과 경쟁하면서 그들을 앞서 나아갈 수 있는 성장 방식이 필요하다. 단적인 예로 한 기술의 특허 보호기간이 20년 정도라고 할 때, 선진국에 비해 기술수준이 20년 이상 뒤졌을 때는 기간이 만료된 특허를 이용해서 제품을 만들고 선진국을 추격할 수 있었다. 그러나 선진국과의 기술격차가 줄어든 상황에서는 모방을 할 수 있는 기술이 적고, 첨단 기술의 경우 모방 자체도 쉽지 않은 것이다.

경제성장의 패러다임을 추격의 방식에서 창조와 선도의 방식으로 바꾸는 것은 결코 쉬운 일이 아니다. 단순히 몇 개 기업들의 생산방식과 비즈니스 모델을 변화시키는 것이 아니라 정책의 거버넌스, 예산 집행 방식, 금융시스템, 법제도, 교육체계 등 추격형 성장방식에 맞춰 정립된 사회경제체계의 개혁이 필요하기 때문이다. 상당수의 경제주체들은 기존 방식에 익숙해져 있고, 이를 유지하는 것이 자신의 이해관계에 부합하는 경우도 많다. 새롭게 수립되어 시행되는 정책의 영향을 완벽하게 예측하는 것은 매우 어렵기 때문에 관료들은 시스템 개혁에 소극적이 되기 쉽다. 가계부채 증가에 대한 대책으로 단순하게 은행들이 대출 많이 하지 못하게 규제하거나, 수출을 증대시키기 위해 수출 대기업들에 대한 금융지원을 늘리는 것은 오랫동안 해왔던 익숙한 정책들이기 때문에 쉽게 채택할 수 있다. 그러나 가계부채 증가와 수출 부진의 원인을 근본적으로 따져 보고, 정부조직 개편을 포함한 정책 체계 전반을 손보는 것에 대해서는 불편하게 느끼고 저항하기 쉽다.

현재 우리 경제가 처한 상황이 심각한 이유는 대내적으로 저출산, 투자 저하, 생산성 하락 등 성장동력이 약해지고 있을 뿐만 아니라 기존의 성장 방식에 유리했던 경제환경이 큰 변화를 맞고 있기 때문이다. 중국의 기술추격과 물량 공세로 국내 기업의 글로벌 경쟁력이 약화되고 있는 가운데, 미중 패권전쟁에서 파급된 세계화의 후퇴로 인해 기존의 수출주도 전략이 어려움을 겪고 있다. 전 세계적인 경제성장과 생산성 하락의 추세 속에서 주요 경쟁국들은 자국의 산업을 육성하고 인공지능(AI) 등 디지털 기술을 활용해 경제체제를 전환시키려는 정책을 적극적으로 펴고 있다. 다른 한편으로 글로벌 기후 위기가 심화되면서 탄소중립 생산방식에 대한 선진국들의 요구가 커지고 있다. 이러한 글로벌 환경 변화에 적극적으로 대응하지 못할 경우, 이미 현실화된 중국의 추격에 더해 시장 축소와 기술 경쟁력 약화로 성장 잠재력이 더욱 빠르게 고갈될 것이다.

이처럼 중대한 대전환의 시대에, 지난 정부는 성장에 대한 뚜렷한 비전과 전략도 없이 부자 감세 위주의 작은 정부 정책으로 일관하였고, 이렇게 잃어버린 3년은 가뜩이나 위기에 처한 산업 경쟁력과 성장잠재력의 회복을 더욱 어렵게 만들어 버렸다. 성장이 어려워질수록 창조와 혁신을 가로막는 기득권 지키기와 약자의 몫을 빼앗는 지대추구(rent seeking)가 성행하게 된다. 높은 장벽이 새로운 기업의 시장진입을 막아 신산업과 신기술의 형성이 지연되고, 기술 탈취와 착취 때문에 공정한 결실을 기대할 수 없을 때, 성장의 유인은 약해지고 성장(참여)영역은 더욱 위축되어 다시 저성장이 이어지는 악순환이 형성된다.

진짜성장이란?

현재 우리 경제가 맞이한 위기를 극복하고 다시 한번 경제 대도약을 이루기 위해 우리는 진짜성장론을 제안한다. 진짜성장이란 시대에 맞지 않는 성장 방식에서 벗어나 추락하고 있는 우리 경제의 성장잠재력을 반전시킬 새로운 성장모델이다. 이를 간단하게 요약하면 다음과 같다. 첫째, 인위적으로 단기적인 경기부양을 도모하거나, 우리 경제 수준에 맞지 않는 모방에 기반한 가짜 성장과 반짝 성장이 아니라 체질 개선과 혁신을 기반으로 성장잠재력을 업그레이드하는 지속적 성장이다. 둘째, 일부만이 혁신에 참여하고 소수가 과실을 누리는 성장이 아니라 국민 모두가 혁신과 가치창출에 참여하고 과실을 누리는 체감가능 성장이다.

진짜성장 모델은 다음의 세 가지를 성장의 방향으로 잡는다. 기술패권 경쟁, 기술대전환, 통상환경 변화에 대응하기 위한 성장동력 강화가 첫째이고, 생산인구 감소와 지역소멸 등 생산주체 축소에 대응하기 위한 성장(참여)영역 확대가 둘째이다. 마지막으로 지대추구 경향의 확대를 극복하고 성장의 인센티브를 높이기 위한 성장유인 제고이다. 이 세 방향을 축으로 각각 산업 대도약을 위한 기술주도성장, 국민참여 확대를 위한 모두의 성장, 공정경제와 상생을 위한 공정한 성장의 세 가지를 전략으로 구체화하고 융합할 때, 진짜성장이 실현될 수 있을 것이다. 아래에서는 보다 구체적으로 진짜성장의 비전과 미래, 진짜성장의 3대 전략, 그리고 5대 실천과제를 설명하고자 한다.

진짜성장의 비전 – 경제·산업 대도약

대한민국 진짜성장의 비전은 '경제·산업 대도약'이다. 단순한 도약이 아니라 대도약이라 칭한 것은, 저성장과 불평등 심

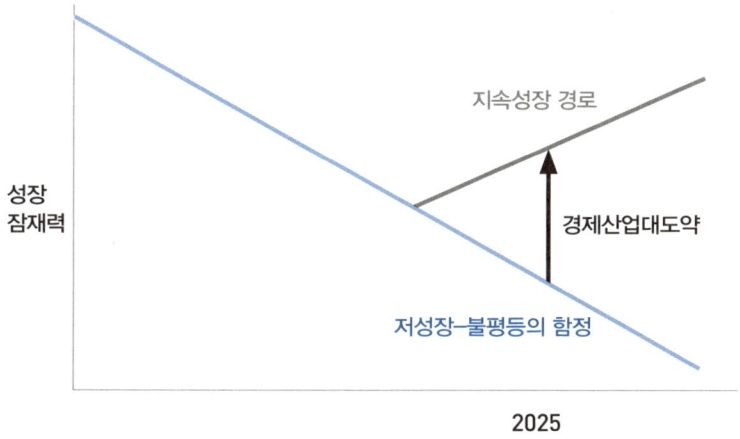

[그림 1-2] 경제·산업 대도약과 진짜성장의 길

화의 추세를 반전시키기 위해서는 패러다임을 바꿀 만큼 큰 폭의 도약이 필요하다는 현실 인식 때문이다([그림 1-2] 참조). 대한민국의 역사에서 대도약으로 불릴 만큼의 패러다임 전환적 도약은 두 번 있었다. 첫 번째는 한국전쟁 이후 폐허가 된 국토에서 산업화를 기치로 철강, 화학, 조선, 자동차 등 후진국이 이룰 수 없었던 중화학공업을 육성하여 한강의 기적을 이루어 냈던 1960~1970년 대의 도약이다. 이로 인해 우리는 전 세계에서 가장 가난한 나라 중의 하나에서 중진국까지 올라설 수 있었다. 두 번째 대도약은 1997~1998년의 외환위기를 극복하고 IT 혁명을 기치로 내세우며 전국에 초고속인터넷망을 구축하고 중소벤처산업을 성장의 다른 축으로 올려세웠던 2000년대 초반의 도약이다. 외환위기가 발생했던 당시만 해도 많은 전문가들이 아시아의 기적이라 불리웠던 한국도 결국 중진국의 함정에 빠져 선진국 대열에는 오를 수 없을 것으로 보았다. 그러나 그러한 전망이 무색하게 한국은 도시국가를 제외하고는 중진국에서 선진국에 진입한 첫 번째 국가가 되었다.[1]

하지만 선진국으로서의 지위를 누리게 된 지 얼마 되지 않아 우리 경제는 너무 빠르게 위축되고 있고 국민들의 무기력증도 심화되고 있다. 많은 국민들이 우리나라가 이제 0%대의 저성장 국가가 될 것이라는 패배주의적 시각에 사로잡혀 있고 3%대의 성장도 달성하기 어려울 것으로 보고 있다. 지금 우리에게 필요한 것은 이러한 무기력함을 반전시킬 수 있는 수준의 도약이다. 이러한 의미로 진짜성장이 추구하는 목표는 저성장이 고착화되고 있는 상황을 반전시켜 선진국의 끝자락에서 다시 중진국으로 떨어질까 염려하는 대한민국이 아니라 선진국의 맨 앞자락에서 주요 선진국들과 당당히 경쟁하는 대한민국이다.

제3의 경제 대도약이 이루어진다면 우리나라는 어떤 모습일까? 우리는 그 구체적인 모습을 3·3·5, 즉 AI 3대 강국, 잠재(진짜)성장률 3%, 국력 5강으로 요약해 그려 본다. 국가 간 AI 역량을 비교하는 것은 쉽지 않지만, 현재 가장 신뢰성을 인정받고 있는 스탠포드 대학교 산하 인간중심 AI연구소(Human-Centered Artificial Intelligence, 이하 'HAI')의 '글로벌 AI 활동성 순위(Global AI Vibrancy Ranking)'에 따르면, 2023년 기준 한국은 세계 7위이다.[2] 국내외 거시경제 전망 기관들은 올해 한국경제의 잠재성장률을 1% 후반대이고 향후 더 하락할 것으로 전망하고 있다.[3] 국력 또한 양적으로 측정하기 어려운 개념이기는 하지만, 한 나라의 하드파워와 소프트파워를 종합한 지위 또는 영향력이라 할 수 있다. 미래 대한민국에 대한 비전으로 국력을 포함시킨 것은 선진국 대열에 합류한 한국이 양적으로 뿐만 아니라 질적으로도 성장해 세계적으로 영향력을 가진 국가가 되는 것을 목표로 삼기 때문이다. 자주 인용되는 몇 가지 조사에 따르면 현재 한국의 국력은 세계 6위~9위이다.[4] 이와 같은 한국의 현재 위상으로 볼 때 3·3·5는 매우 야심 찬 비전으로 볼 수도 있다. 그러나 성공적인 전략실행으로 목표를 달성함으로써 경제와 산업의 대도약이 이루어진다면 불가능한 것도 아닐 것이다.

진짜성장의 비전은 함께 추구해야 할 지향점임과 동시에 정책 의지를 나타낸다. 첫째, 'AI 3대 강국'은 현재 AI 중심 기술전환의 불확실성 속에서 새로운 기회를 찾아 선도적인 위치를 차지하겠다는 의지를 나타낸다. 둘째, '잠재성장률 3%'는 1%대로 낮아지는 성장잠재력을 획기적으로 높이겠다는 의지를 보여 준

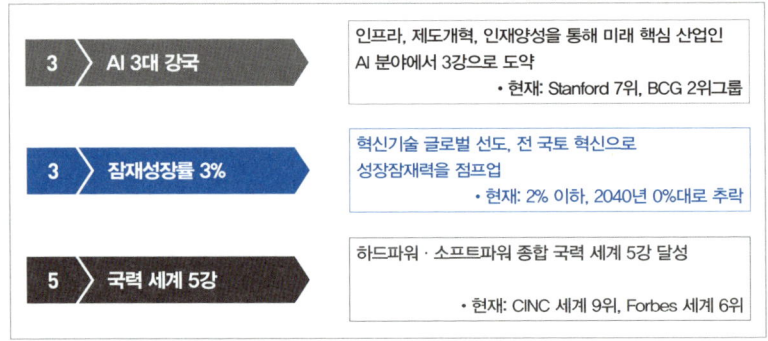

[그림 1-3] **대한민국 진짜성장의 비전 요약**

다. 셋째, '국력 5강'은 하드파워와 소프트파워 모든 측면에서 진정한 선진국으로 도약해 국민들이 성장의 효능을 체감하도록 하겠다는 의지를 나타낸다.

진짜성장의 3대 전략

진짜성장의 3대 전략은 기술주도 산업 대도약, 국민참여 성장, 공정경제와 상생으로 설정한다. 이들 전략은 각각 성장동력, 성장영역, 성장유인을 강화하고 확대하는 것이다. 3대 전략은 상호 보완 관계를 가지며 시너지 효과를 창출한다. 예컨대 국민참여로 누구나 아이디어를 만들고 그것이 공정한 생태계에서 성장동력으로 커나가는 것이 진짜성장의 모습이다.

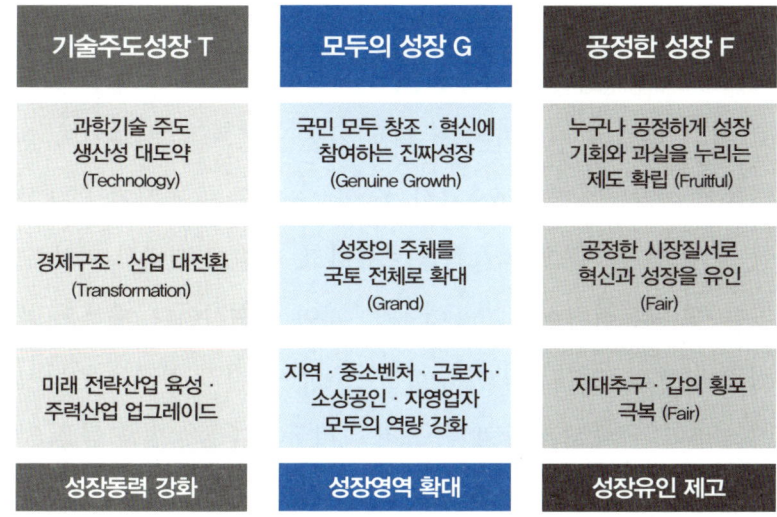

[그림 1-4] 진짜성장의 3대 전략 TGF

    산업 대도약은 단순히 재정이나 돈 풀기에만 의존하는 성장이 아닌 기술전환과 기술력 증진을 통해 근본적인 기업 경쟁력을 강화하는 방식으로 추진하며, 국민참여 성장은 폭넓게 아이디어를 모으고 기업가 정신과 성장 기회를 널리 확산하는 모두의 성장, 공정경제와 상생 전략은 생산과 성장에 참여하는 것이 이득이 되도록 유인체계를 바꾸는 공정한 성장을 추구하는 전략이다. 세 가지 전략에 대해 조금 더 자세히 설명하면 다음과 같다.

    기술주도 성장전략은 1960~1970년대 중화학공업화 정책에서와 같이 미래 부가가치와 고용 창출을 선도할 산업을 키우고 산업경쟁력과 생산성을 업그레이드하는 전략으로서 기술력(Technology) 증진과 기술전환(Transformation)에 초점을 맞추고 있다. 빠르게 전개되는 전 세계 기술 경쟁과 무역 환경의 충격을 줄이고, 수출 강국으로서 한국의 지위를 유지하기 위해서는 세계 최고 수준의 기술력을 보유하고, 시장 경쟁에서 이길 수 있는 제품과 서비스를 만들어 내는 것이 필수적이다. 제품과 공정의 혁신은 기업이 이끌되, 정부는 민간이 하기 어려운 기반시설(인프라) 구축과 제도개혁, 그리고 타국과의 통상협력 등을 지원한다.

산업 발전 전략의 두 가지 핵심 과제는 산업 발전 기반구축과 산업육성 및 지원이다. 전자는 디지털·AI 전환과 에너지 전환이라는 전 세계적 대전환에 대응하면서 산업발전의 토대를 강화하는 것이고, 후자는 한국의 전통 주력 제조업의 경쟁력을 높이는 동시에 미래 성장산업을 키우는 것이다. AI 분야는 생산성을 높이는 기업의 생산 인프라이면서 동시에 바이오, 문화, 방위산업과 같은 한국의 미래 전략산업이 될 수 있다. 에너지 전환 지원은 탄소중립이라는 시대적 요구를 충족시킴과 동시에 탄소를 많이 배출하는 한국의 전통 제조업을 업그레이드하는 것이다. 이 두 과제는 서로 연결되어 산업 전체가 크게 발전하는 효과를 낼 수 있다.

모두의 성장은 국민이 함께 참여하여 이루는 성장이다. 즉, 소수 대기업뿐 아니라 중소기업, 벤처기업, 지방 지역, 소상공인, 자영업자, 근로자 등 모든 국민이 자신의 능력을 키우고 함께 성장하는 것을 의미한다. 모두의 성장을 통해 인구 감소, 소득 및 자산 불평등, 지역 및 대중소기업 간 불균등 발전 등의 문제를 해결할 수 있고, 나아가 국가 자원의 효율적 활용으로 추가적인 경제 성장을 도모할 수 있다. 진짜성장을 위해 특히 강조하고자 하는 핵심 과제 중 첫째는 중소벤처기업의 성장과 과학기술 생태계 고도화를 통한 혁신 역량 확대이고 둘째는 지역성장과 지역의 혁신이다. 생산 주체로서의 중소벤처기업과 공간 주체로서의 비수도권은 우리나라 산업과 국토 공간의 대부분을 점유하고 있지만, 만성적인 저생산성과 비효율성의 문제를 갖고 있다. 중소벤처기업과 비수도권 지역이 성장한다면 더 넓은 범위의 기업과 지역이 혁신과 발전의 주체 및 공간이 될 것이다.

공정한 성장은 불공정한 관행을 없애고 모든 경제 참여자들이 공정하게 경쟁할 수 있도록 시장 환경을 개선하여 경제성장을 촉진하는 전략이다. 불공정한 시장 환경은 혁신의 동기를 떨어뜨리고 경제적 불평등을 심화시킨다. 자본시장에 존재하는 불공정한 관행은 생산적 자본에 대한 민간의 투자 유인을 떨어뜨리고 투기적 자본의 규모만을 키운다. 따라서 공정한 시장 환경을 만드는 것은 불평등의 완화뿐만 아니라 기술주도 경제성장을 촉진시키는 중요한 정부의 역할이다. 공정하고 상생하는 시장 환경하에서는 더 많은 경제주체들이 안심하고 생산에 참여하고 그 과실을 나눔으로써 함께 성장할 수 있다. 따라서 공정한 성장은 모두의 성장을 위한 필요조건이기도 하다.

5대 실천 과제

비전 달성을 위한 3대 전략이 수립되었다면 이를 실현하기 위해 추진해야 할 과제를 구체화할 필요가 있다. 우리는 3대 전략을 수행하기 위한 실천과제들 중 핵심적인 과제를 5개로 정리해 제시한다.

우선 기술주도 성장을 위해 추진해야 할 핵심 실천 과제는 두 가지로 설정했다. 첫째는 AI 분야를 포함한 미래 유망 산업을 키우는 것이고, 둘째는 탄소중립을 위한 에너지 전환과 기존 산업의 경쟁력을 업그레이드하는 것이다. 우리 산업이 AI와 디지털 전환, 그리고 친환경 에너지로의 변화라는 위기를 잘 극복하고 다시 한번 크게 성장하려면 AI 기술과 풍부한 청정에너지가 반드시 필요하다. AI와 친환경 에너지는 그 자체가 중요한 산업일 뿐 아니라 다른 산업들이 지속적으로 혁신하고 생산성을 높

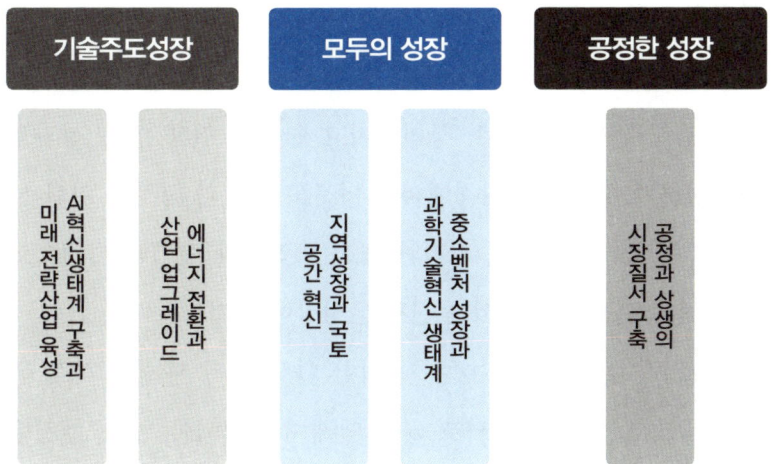

[그림 1-5] **진짜성장의 5대 과제**

일 수 있도록 지원하는 기반(인프라) 역할도 한다.

앞서 서술한 바와 같이 모두의 성장을 위한 대표적인 실천 과제도 두 가지로 나누어 제시한다. 즉, 첫째는 중소기업과 벤처기업이 활발히 활동하고 과학기술 혁신을 이루도록 생태계를 조성하는 것이고, 둘째는 지역의 발전과 국토 공간의 혁신을 이뤄내는 것이다. 국가의 자원을 낭비하지 않고 효율적으로 사용하면 국가 전체의 생산성이 높아진다. 이를 위해서는 대기업이나 수도권 지역보다 생산성이 낮은 중소기업, 소상공인, 자영업자와 지방 기업 및 근로자들의 능력을 키우고 그들이 성장할 수 있는 환경을 만들어야 한다.

공정한 성장을 위한 과제는 공정하고 상생할 수 있는 시장 질서를 구축하는 것이다. 창의적이고 열심히 일해 얻은 성과를 불공정하게 빼앗기는 환경에서는 아무도 혁신과 성장을 위한 노력을 하지 않을 것이다. 정직한 혁신 노력보다 투기나 위법으로 돈을 벌기 쉬운 환경에서는 진정한 성장이 불가능하다.

이러한 진짜성장을 이루기 위한 다섯 가지 과제는 각각 독자적인 목표가 있지만 서로 균형 있게 추진되어야 한다. 예컨대 전략산업을 지원하는 정책이 일부 대기업만 혜택을 보지 않도록 주의해야 하고, 공정성을 위한 정책이 혁신을 방해하는 과도한 규제가 되지 않도록 해야 한다.

2

AI 3대 강국 진입과
미래전략산업 육성

미래유망산업의 육성

기술이 주도하는 성장을 위한 첫 번째 과제는 인공지능(AI)과 같은 첨단기술 분야에서 국가의 경쟁력을 키우고, 성장성과 사회경제적 파급효과가 큰 미래전략산업을 육성하는 것이다. 미래전략산업 중에서도 AI 산업은 국가적으로 뒤처질 수 없는 핵심 분야이다. AI는 그 자체로 거대한 규모의 시장을 형성할 것으로 전망될 뿐만 아니라, 다른 산업과 융합되어 새로운 상품과 서비스를 만들어 내고, 경제 전체의 생산성을 증대시킬 수 있는 잠재력을 가지고 있기 때문이다.

기술주도 성장은 AI 산업 외에도 고용과 부가가치를 창출하는 경제적 원천을 강화하고 다양화할 수 있는 새로운 산업들이 발전할 때 이루어질 수 있다. 하나의 산업이 국가의 경제성장을 이끄는 주력산업으로 성장하기 위해서는 충분한 자금, 인력, 기술력이 필요하다. 경제체제가 진화함에 따라 특정 산업이 성장하거나 쇠퇴하는 것은 시장의 원리에 따라 자연스럽게 발생하지만, 지금까지 역사적으로 관찰된 다수의 사례에서는 산업 성장에서 정부의 역할이 매우 중요했음을 알 수 있다. 예컨대 19세기 독일, 프랑스, 벨기에 등 유럽 국가들에서의 제조업 발전은 고등 기술 교육기관 설립, 철도 및 도로 인프라 구축, 표준 및 특허법 등 정부의 제도적 기틀 마련하에 가능했다. 1950년대 이후 일본, 한국, 대만의 동아시아 국가들은 정부가 주도해 전략산업을 육성시키는 국가주도형 산업화가 성공할 수 있다는 것을 보여주었다. 2000년대 이후에는 중국이 '제조 2025' 등 중장기 산업정책을 수립하고 국유기업 개혁, 전략산업에 대한 국가 투자 확대 등을 통해 세계 시장을 빠르게 잠식한 제조업 강국으로 성장하기도 했다.

　　미국과 중국 간의 기술패권 경쟁은 점차 전면전 양상으로 치닫고 있고, 세계 시장에서 기업 간 경쟁도 과거 어느 때보다 격화되고 있다. 과거에는 정부가 나서 특정 산업을 지원하는 '산업정책(Industrial Policy)'이 주로 개발도상국에서만 활용되는 수단으로 여겨졌지만, 이제는 상황이 완전히 달라졌다. 미국과 중국은 반도체와 배터리, AI 등 전략기술을 중심으로 막대한 보조금과 세제 혜택을 쏟아붓고 있고, 유럽 각국의 정부는 자국 공급망 회복과 녹색 전환을 명분으로 개입의 강도를 높이고 있다. 심지어 영국, 캐나다, 호주 등 전통적 자유시장경제 국가들조차 특정 산업군을 지정해 적극적인 재정 투입을 감행하고 있다. 산업정책은 이제 선진국의 핵심 정책수단으로 바뀌고 있는 셈이다.

이러한 세계적 흐름 속에서 우리 정부 또한 산업경쟁력 확보를 위해 보다 능동적인 전략을 고민할 수밖에 없다. 단순히 민간의 혁신역량에만 의존하거나 시장의 자율에 맡겨 둘 경우, 주요 기술과 공급망에서 주도권을 잃고 뒤처질 가능성이 높기 때문이다. 특히 디지털·AI 전환, 탄소중립, 글로벌 공급망 재편 등 산업구조가 급변하는 시점에서는 정부의 전략적 개입이 시장 실패를 보완하는 긍정적 수단이 될 수 있다. 문제는 단순히 '개입하느냐 마느냐'가 아니라, 어디에 어떻게 개입할 것인가에 있다.

아시아 금융위기 이후 한국경제는 더욱 개방되었고, 노골적인 정부개입은 자제되었지만, 소수의 유망산업을 선정해 자본·기술·인력·세제 지원을 집중하는 소위 '신성장산업 육성정책'은 폐기된 적이 없었다. 그러나 지난 20여 년간 이러한 정책이 얼마나 성공적이었는지 되묻지 않을 수 없다. 차세대 성장산업으로 지목된 품목들이 실제로 글로벌 경쟁력을 확보했는지, 정책의 대상으로 선정된 산업의 생태계가 자생력을 키웠는지에 대해서는 회의적인 시각이 많다.

산업경쟁력 강화를 위해 그 어느 때보다 정부의 역할이 중요한 만큼, 정부의 자원을 헛되이 낭비할 수는 없다. 과거의 실패 요인을 파악하고 그로부터 교훈을 얻어야 한다. 핵심은 정부의 역할이 '무엇을 키울 것인가'를 정하는 데 그치는 것이 아니라, '민간이 위기를 극복하는 역량과 제대로 자라날 수 있는 환경을 어떻게 만들 것인가'로 전환되어야 한다는 것이다. 기술개발을 위한 대규모 인프라 투자, 실패 가능성이 크지만 성공 시 파급효과가 높은 기초연구 지원, 초기 생태계 조성, 인력 양성, 규제 완화와 같이 민간이 홀로 감당하기 어려운 영역에 대해 정부자원을 집중 투입하되, 산업과 기업에 진짜 필요한 맞춤형 정책을 설

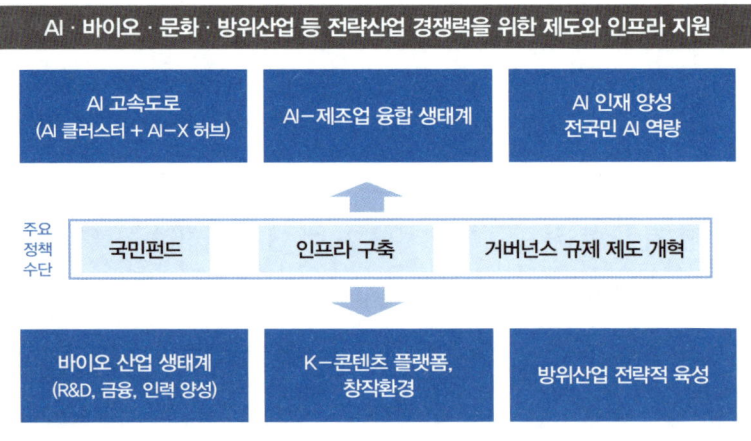

[그림 2-1] AI 3대 강국 진입과 미래전략산업 육성 과제 개념도

계해야 한다.

AI 3대 강국 진입과 미래전략산업 육성을 위해서는 국민펀드 등을 통한 정부 주도의 산업 인프라 투자 및 연구개발 지원과 정책 거버넌스, 규제 개혁 등 필요한 모든 정책 수단을 이용해야 한다. 이를 통해 글로벌 경쟁력을 갖춘 AI 생태계를 조성하고 바이오, 문화콘텐츠, 방위·항공·우주 산업과 같은 미래 성장유망 산업을 육성하는 것을 전략 목표로 삼는다.

AI 3대 강국 진입의 비전

AI는 이제 단순한 기술혁신이나 신제품 개발의 범주를 넘어 문명의 패러다임 자체를 전환시키는 계기로 작용하고 있다. 구글의 최고경영자 순다르 피차이(Sundar Pichai)는 "AI는 전기나 불보다 세상을 더 크게 바꿀 수 있는 잠재력을 지녔다"고 말한 바 있고, 딥러닝의 대부로 불리는 노벨물리학상 수상자 제프리 힌턴(Geoffrey Hinton)은 "AI는 인류의 삶과 사회 구조 전반을 혁명적으로 바꿀 것"이라 예견했다. 이러한 진단은 결코 과장이 아니다. AI는 인간의 지능을 보완하는 것을 넘어 대체할 수 있는 기술인 만큼, 산업뿐만 아니라 노동시장, 교육, 안보, 정책 결정의 방식까지 바꾸고 있다.

이처럼 사회 전반을 관통하는 파급력으로 인해 AI는 주요 국가들 간 패권 경쟁의 핵심으로 떠올랐다. 미국과 중국은 물론 유럽연합, 일본, 중동 국가들까지 모두 AI 기술 선점과 표준 주도권 확보에 총력을 기울이고 있다. 기술 표준, 데이터 주권, AI 반도체 같은 기반 기술의 영역은 물론, 글로벌 LLM(대규모언어모델) 개발 경쟁에 이르기까지 사실상 '디지털 냉전'이라고 부를 수 있는 국면이 전개되고 있다. 국가와 민간기업 모두 수십조 원 규모의 투자 계획을 발표하고 있으며, 이는 단기적인 기술 경쟁을 넘어서 장기적인 국가전략자산 확보 경쟁인 것이다. 따라서 AI 분야 경쟁력 증진에 투자하는 전략은 단순한 산업정책이 아니라, 한국 사회 전체가 어떤 방향으로 나아갈지를 정하는 중대한 선택이라고 할 수 있다.

경제성장의 관점으로 좁혀 보아도 AI는 더 이상 선택이 아닌 필수다. AI는 자체적으로 새로운 산업을 만들어 내는 한편, 제조·금융·의료·물류 등 전통 산업의 생산성과 효율성을 획기적으로 끌어올리는 기술로 작동할 것으로 전망된다. 이는 과거 산업혁명에서 증기기관과 전기가 차지했던 역할과 유사하며, 따라서 AI에 대한 투자는 단순한 제품개발을 넘어서 국가 전체의 잠재성장률을 끌어올릴 전략적 투자라 할 수 있다.

현재 한국은 AI 역량 측면에서 글로벌 기준 중상위권을 차지하고 있다. 앞서 소개했듯이 스탠포드 대학교 산하 HAI의 '글로벌 AI 활성화 순위(Global AI Vibrancy Ranking)'에서, 2023년 기준 한국은 미국, 중국, 영국, 캐나다 등에 이어 세계 7위에 이름을 올렸다. AI 논문 수, 산업 투자, 인재 유입, 교육기관 경쟁력 등을 종합적으로 평가한 결과다.[5] 그러나 HAI의 AI Index 보고서에 따르면 2024년 한국의 민간 AI 투자액은 세계 11위(13.3억)로, 전년 대비 규모와 순위 모두 하락했다(2023년 9위, 13.9억).[6] 미국과 중국은 각각 국방과 산업의 핵심 자산으로 AI를 전략화했고, 유럽은 규제와 윤리 규범을 주도하면서 동시에 자국 산업의 방향성을 명확히 잡아가고 있다. 지금 이 순간에도 AI 생태계의 격차는 더욱 벌어지고 있는 것이다.

이를 극복하기 위해 새 정부는 세계 3대 AI 강국으로의 도약을 비전으로 삼고, 제조업 기반의 강점을 살려 정부가 과감하게 지원하며, AI를 실질적으로 활용할 수 있는 인재와 기업을 키워 내겠다는 전략을 세웠다. 구체적인 실행 계획은 다섯 가지 영역으로 구성된다. 첫째, AI 고속도로와 데이터허브, AI 집적단지 조성 등을 통한 인프라 구축, 둘째, 반도체와 LLM, 클라우드 및 AI-IoT 등 신산업 및 기업 육성, 셋째, 부트캠프와 교육 강화, 글로벌 인재 유치 등을 통한 인재 양성, 넷째, 인공지능기본법 정비와 국가인공지능전략위원회 운영 같은 제도 개혁, 다섯째, 기업과 국민을 대상으로 한 AI 활용(모두의 AI, AI 활용 바우처 등) 확산이다.

국가 AI 산업정책의 방향으로서 국내 AI 산업 가치사슬 전체에서 자국 기업이 역량과 주도권을 갖도록 한다는 이른바 '소버린 AI(Sovereign AI) 전략'에 대해서는 찬반의 의견이 존재한다. 반대의 논거는 우리나라가 해외 사업자와 경쟁할 수 있는 거대언어모델을 만들 만큼의 자원과 기술을 갖고 있지 않으므로 한국이 잘할 수 있는 분야에 제한해 투자해야 한다는 것이다. '한국형'을 고집했다가 자칫 국내에서만 사용되는 비효율적인 갈라파고스 기술 또는 제품을 만들어 내는 것으로 귀결될 수 있다는 우려도 존재한다. 그러나 자주적 AI 생태계 구축에 대한 정부 지원은 국가의 부가가치 창출뿐만 아니라 경제 안보 차원에서 당위성을 가질 수 있다. AI에 대한 의존도가 높아질수록 AI 가치사슬상 병목(bottleneck)이 사회경제적 위협으로 작용할 가능성이 커지며, 이는 국부 유출로도 이어질 수 있다. 아직까지 국내외 AI 산업의 가치사슬상 심각한 병목과 이로 인한 국가안보의 위협이 나타난 적은 없으나, 미국 정부의 대중국 첨단반도체 수출금지 조치는 국가 간 통상갈등이 AI 공급망 단절로 이어질 수 있음을 보여 준다. 데이터 주권도 중요하다. 저비용-고성능으로 주목을 받은 중국의 AI 모델 딥시크(DeepSeek)에 대한 2025년 개인정보보호위원회의 조사 결과, 딥시크가 틱톡 서비스를 제공하는 바이트댄스를 비롯한 중국 내 회사 3곳과 미국 내 1곳 등 모두 4개 해외 업체로 이용자 개인정보를 이전했다는 사실이 밝혀진 바 있다.[7] 최근 독일 규제당국도 개인정보의 유출 가능성을 이유로 딥시크를 앱스토어에서 퇴출할 것을 요구했다.[8] 이와 같이 AI와 플랫폼 서비스를 통한 국내의 민감데이터 부당 유출이 우려되는 상황에서는 자국이 데이터 수집, 저장, 처리, 활용에 대한 통제권을 갖는 것이 중요하다. 특히 외교·국방과 같은 국가안보 영역에 활용되는 AI는 해외 기업에 전적으로 의존할 수 없다.

AI 3대 강국 진입을 위한 실행과제

AI 3대 강국 진입이라는 비전을 달성하기 위해서는 다양한 측면에서 정부의 정책적 지원이 필요한데, 다섯 가지로 나눈 실행 과제를 보다 상세히 살펴보자. 첫 번째 실행과제는 AI 인프라 구축이다. AI 생태계는 서로 맞물리는 다층적 가치사슬과 수평적 거래로 이루어지며, GPU와 메모리를 비롯한 컴퓨팅 자원과 대규모 데이터는 이를 뒷받침하는 핵심 인프라이다. 한국 기업들의 AI 개발 및 활용 수준은 여전히 낮은 상태인데, 물리적 인프라 및 전문인력 부족이 가장 큰 확산의 저해요인으로 꼽다.[9]

산업통상자원부 의뢰로 작성된 한 보고서에 따르면 사업에 가장 필요한 인프라 종류가 산업 데이터 플랫폼과 AI라고 응답한 기업이 54.7%로 가장 많은 것으로 나타나기도 했다.[10]

문제는 개별 기업이 AI 개발 및 활용을 위한 인프라 구축을 감당하기 어렵다는 점이다. 엔비디아(NVIDIA)의 최신 고성능 GPU가 개당 4만 달러를 상회하며, 데이터센터 설립 비용은 부지 확보, 전력 설비, 냉각 시스템 등의 요소를 모두 합할 경우 수천억 원에서 수조 원에 달한다. 실제로 글로벌 SNS 서비스 기업인 메타(Meta)는 미국에서 AI 데이터센터를 위해 2025년에만 650억 달러 예산을 책정했으며, 마이크로소프트(Microsoft)는 AI 특화 인프라에 800억 달러 규모의 투자를 계획 중이다. 2025년 1월에 오픈AI(OpenAI), 소프트뱅크(SoftBank), 오라클(Oracle) 등 민간 기업들은 4년에 걸쳐 AI 인프라에 최대 5,000억 달러를 투자하는 '스타게이트 프로젝트'를 공표하기도 하였다. 이에 견주어 볼 때 국내 개별 중소기업은 물론 대기업들도 글로벌 선도 사업자들의 투자 속도를 따라잡기는 매우 어렵다.

이 때문에 해외 주요국들은 정부 주도의 직접 투자 및 펀드 조성으로 AI 데이터센터와 클러스터 구축을 적극 지원하고 있다. 예컨대, 미국은 2025 회계연도 AI R&D 예산에 33억 달러, AI 응용·통합과 개발·조달에 각각 약 30억 달러를 할당했고,[11]

중국은 독자적인 AI 산업을 육성하기 위해 '인공지능 플러스 이니셔티브(人工智能+行動)' 계획을 세우고 향후 최소 2,771억 위안(52.4조 원) 이상의 지방정부 투자를 발표했다.[12] 또 EU는 파리 AI 액션 서밋에서 2,000억 유로 규모의 'InvestAI 이니셔티브' 중 20억 유로를 'AI 기가팩토리' 구축에 전용할 계획을 밝혔다. 이 밖에 프랑스가 2025년 2월 AI 액션 서밋에서 1,090억 유로 투자를 발표했고, 사우디아라비아는 PIF 주도하에 'HUMAIN' 프로젝트에 1,000억 달러 규모의 투자를 시작했다.

제한된 자원으로 AI 산업성장의 기반을 만들어야 하는 상황에서 한국은 물리적 인프라의 효율성을 극대화할 전략적 설계가 절실하다. 에너지 생산과 제조업이 남부에, 행정과 과학기술 단지가 중부에, 주요 기업과 금융·인력은 수도권에 집중된 지역 구조에서, 전 국토에 걸쳐 연결된 AI 인프라, 즉 'AI 고속도로'를 구축함으로써 AI 자체의 연구와 산업 활용이 유기적으로 결합되는 AI 생태계를 만들어 내는 방안을 검토해 볼 필요가 있다.

AI 고속도로는 다양한 형태로 구성될 수 있는데, 하나의 방식은 'Mega-AI 집적 클러스터'를 중심으로 지역의 산업별 AI+X 센터들을 네트워크로 연결하는 것이다. Mega-AI 집적 클러스터는 LLM 및 산업별 소형언어모델을 만들 수 있는 충분한 규모의 데이터 센터와 AI 컴퓨팅 센터가 구축되고, 글로벌 전문

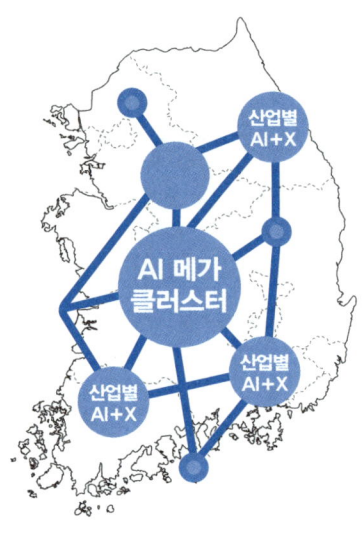

[그림 2-2] AI 고속도로 예시

가 수준의 인재 양성을 위한 AI 부트캠프와 벤처-스타트업 센터가 입지하는 복합 단지이다. 지역 AI+X 센터는 Mega-AI 클러스터와 지역의 산업단지 및 연구개발단지를 연결시켜, 기존 제조업 및 첨단미래산업 특화형(vertical) AI를 개발에서부터 사업화까지 일관되게 추진할 수 있는 거점이다. 수도권의 콘텐츠·문화 중심 AI 센터, 대전·세종의 과학기술 지향 AI 센터, 남부 제조업 지역의 첨단제조 AI 센터, 서남권 에너지 AI 센터와 같은 것이 그 예시가 될 수 있다.

　AI 모델과 서비스 개발에서 컴퓨팅 파워 못지않게 중요한 것이 데이터이다. 자동차가 석유 없이는 달릴 수 없는 것처럼, AI도 충분한 양과 질의 데이터가 없으면 의미 있는 생태계 구축이 불가능하다. 그러나 데이터는 개인정보보호 대상이자 기업의 핵심 자산이기 때문에, 자발적 공유가 어렵고 공공의 이익과 충돌하기 쉽다. AI 생태계의 성장을 위해서는 데이터에 대한 접근성과 활용 가능성을 제도적으로 뒷받침하는 것이 핵심과제이다. 특히 AI 학습에 적합한 고품질 데이터가 안정적이고 지속적으로 공급될 수 있는 체계는 민간의 기술개발과 서비스 혁신의 기반이 된다. 이를 위해 정부가 국가 단위의 데이터 집적 클러스터를 조성하고, 이를 기반으로 민간과 연구기관이 활용할 수 있는 공공데이터 플랫폼을 구축하는 것이 하나의 방안이 될 수 있다. 현재에도 공공 및 민간이 운영하는 데이터 거래 플랫폼이 존재하나, 데이터의 양과 질, 그리고 이용가격 면에서 여전히 미흡하다. 데이터 집적 클러스터 및 거래 플랫폼은 단순한 저장소를 넘어, 품질이 검증된 데이터를 표준화된 형식으로 제공하고, 관련 메타데이터와 함께 제공함으로써 데이터의 재사용성과 학습 효율을 높이는 역할을 할 수 있다.

　의료, 금융 등 민감한 개인정보를 포함한 데이터를 AI 학습에 활용하기 위해서는 현행 규제의 정비도 병행되어야 한다. 개인정보 보호와 데이터 활용이라는 상충하는 두 목표 사이에서

균형을 맞추려면, 익명화·가명화 기술의 개발 및 도입과 이에 대한 법적 정비가 선행되어야 한다. 예컨대 의료·헬스케어 분야에서는 여러 병원과 기관에 흩어진 데이터를 안전하게 연계하고 분석할 수 있도록 하는 '데이터 결합 허용 범위'와 '적법한 활용 절차'에 대한 명확한 기준이 마련돼야 한다. 유럽연합의 AI법(AI Act)에서도 데이터 투명성과 처리 기준은 AI의 위험성 분류와 직결될 만큼 중요한 정책 영역으로 다뤄지고 있다.

데이터안심구역의 확산도 검토해 볼만한 과제이다. 〈데이터산업진흥 및 이용촉진에 관한 기본법(데이터산업법)〉하에 지정되어 관리되는 데이터안심구역은 2025년 5월 현재 14곳이 지정되어 있다. 데이터안심구역은 민감 데이터를 클라우드 기반이나 폐쇄형 물리공간에서 분석할 수 있도록 해 연구자와 기업의 진입 장벽을 낮추는 역할을 하고 있다. 이 시스템을 전국으로 확장하고, API 기반의 연계와 실시간 처리 기능까지 지원함으로써 다양한 산업 분야에서 데이터 기반 AI 응용을 활성화할 수 있을 것이다.

아울러 AI 학습용 데이터의 거래 활성화를 위해 데이터의 가치와 품질에 대한 공신력 있는 평가 시스템도 필요하다. 데이터가 단순히 보유되고 활용되는 수준을 넘어서 시장에서 자산처럼 거래되기 위해서는, 그 품질을 인증할 수 있는 기준과 계약의 신뢰를 담보할 수 있는 체계, 그리고 개인정보를 보호할 수 있는 데이터 익명화 규칙 등이 정비되어야 한다. 또한 데이터 암호화 기술의 발전을 위한 지원과 데이터 가격 산정방식 등 아직 초기 단계에 머물러 있는 데이터 거래 체계를 정교화할 필요가 있다.

요약하면, AI 인프라 구축은 단순한 기술 확충이 아닌 국가적 전략 과제로서, 비용 분담과 지역 균형, 데이터 생태계 환경 조성, 경제 안보 확보까지 고려하는 거시적 설계가 필요하다. 성공적인 AI 전략은 개별 기업이 아닌, 국가와 사회가 공동으로 만들어 가는 구조여야 한다.

두 번째 실행과제는 AI 유망기업 및 융합산업 육성이다. 앞서 사례들을 소개했듯이 AI 산업의 글로벌 경쟁이 격화되는 가운데, 각국 정부는 단순한 조력자의 역할을 넘어 개별 AI 산업 성장을 견인하는 핵심 주체로 부상하고 있다. 이에 대응해 우리나라 정부도 AI 부문이 미래성장산업으로서 성장해 국내 고용과 부가가치를 창출할 수 있도록 가치사슬상 시장 선도가 가능한 유망 기업을 육성·지원할 필요가 있다.

구체적인 지원 산업 또는 기업은 AI 생태계 구축 및 발전의 거시적 전략에 맞춰 선정해야 할 것이다. 예컨대 현재 글로벌 AI 가치사슬상 상대적으로 병목이 큰 분야가 AI 학습 및 추론용 반도체 부문이라는 점을 고려할 때 서버용 GPU 설계 및 파운드리를 포함한 AI 핵심 하드웨어 기술이 육성 대상이 될 수 있다. AI 추론에 특화된 저전력 고성능 NPU(Neural Processing Unit) 및 PIM(Processing-In-Memory) 기술 개발도 국가차원의 지원대상이 될 수 있다. 중장기적으로는 하드웨어와 서비스 분야에서 기존 기술 한계를 돌파하는 게임체인저가 등장할 수 있도록 연구 지원하는 것도 필요하다.

지난 정부에서 이미 인공지능·서비스형 소프트웨어(AI·SaaS) 분야 유망기업의 발굴·육성을 목표로 하는 '인공지능혁신기금(AI혁신펀드)'이나 고성장 분야 인공지능(AI) 스타트업을 육성하기 위한 '인공지능(AI) 핵심 분야 및 유망 인공지능전환(AX) 스타트업 육성 사업'을 개시한 바 있다. 이와 같은 프로그램의 정비 및 확대도 중요하나, 정부의 역할은 단순히 자금 제공에 그칠 것이 아니라 핵심기술 개발, 실증 환경 제공, 생태계 형성, 인재 양성, 글로벌 경쟁력 확보까지 아우르는 포괄적 지원으로 진화해야 한다. AI 반도체와 AI 서비스, AI+X 기업이 고속 성장하려면, 핀포인트 기술 지원과 규제 완화, 대·중소기업 및 산·관 협업 네트워크가 유기적으로 연결된 전략적 체계가 무엇보다 중요할 것이다.

AI와 기존 산업의 융합을 촉진시키는 것도 중요한 과제이다. 이는 기존 산업의 생산성 증대를 도모할 수 있을 뿐만 아니라 물리적 AI(Physical AI)와 같은 새로운 융합 산업을 등장시킬 수도 있기 때문이다. 엔비디아 CEO 젠슨 황이 2025년 소비자전자박람회(CES)에서의 기조연설에서 언어모델 기반의 AI를 잇는 차세대 AI의 핵심으로 지목했던 물리적 AI는 로봇, 드론, 자율주행 자동차 등 물리적 형태를 가진 디바이스와 결합해 실제 세계에서 디바이스를 제어하는 AI를 의미한다. AI 융합을 촉진시키기 위해서는 정부부터 나서 공공부문에 AI를 적극 적용하고, AI 활용 선도사업을 선정해 지원할 필요가 있다. 이 과정에서 한국의 강한 제조업 기반은 AI 융합 기술개발에서 큰 이점으로 작용할 수 있다.

세 번째 실행과제로는 AI 관련 정책체계 및 제도의 개혁을 들 수 있다. 지금까지 정부의 AI 정책은 부처별로 산재되어 공무원 주도의 형식적 과제 배분에 그쳤고, 민간의 투자는 이끌어 내지 못했다. 2024년 대통령 직속의 국가인공지능위원회가 출범했으나, 정책 집행에 대한 실질적인 권한을 가지지 못했고 국가 차원의 통합적 전략도 만들어 내지 못했다. 이재명 정부에서는 AI미래기획수석을 신설하고, 기존 국가인공지능위원회를 국가인공지능전략위원회로 확대 개편하는 등 통합적 AI 전략 수립 및 정책 집행 거버넌스의 기초를 마련하고 있다. 거버넌스 개혁의 성과가 실제로 나타나기 위해서는 세부적인 연구개발 과제

배분 및 평가체계, 기술사업화 및 확산 정책도 꼼꼼히 설계되어야 할 것이다.

AI의 불투명성과 오용 가능성, 그리고 편향이나 개인정보 침해 같은 문제들에 대해 아직 완전한 신뢰가 구축되지 않은 현 시점에서 AI 개발과 사용에 대한 규율와 감독의 필요성은 명확하다. 특히 AI가 사회·경제적 영역에 깊숙이 침투하면서 여러 가지 우려가 제기되고 있다. 고도화된 AI 시스템은 예측 불가능한 의사결정을 내릴 수 있고, 오작동 시 인명·사회적 피해가 우려된다. 또한 학습·추론 과정에서 민감 정보가 유출될 수 있으며, 알고리즘에 내재된 편향이 특정 집단에 불리하게 작용할 가능성도 존재한다. 이 때문에 정부는 AI 안전과 프라이버시, 공정성 확보를 위한 규제체계를 선제적으로 갖춰야 한다.

하지만 과도한 규제는 AI 기술 발전을 저해하고 활용 가능성을 떨어뜨릴 수 있다. 예컨대, EU는 AI법을 통해 고위험 AI 시스템에 엄격한 안전·투명성 기준을 적용하고 있는데, 이는 신뢰 확보에 도움이 되지만 지나친 규제는 기업 부담을 키워 혁신을 둔화시킬 수 있다는 비판도 있다.[13] 미국에는 연방 차원의 포괄적 AI 규제법이 아직 없지만, 'AI 권리장전(AI Bill of Rights)'(2022)을 통해 개인정보 보호·알고리즘 투명성·편향 방지를 중심으로 하는 가이드라인이 제시된 바 있다.[14] 또한, 2025년 6월에는 공화당 존 뮬레나어(John Moolenaar) 하원의원과 민주당 라자 크리슈나무르티(Raja Krishnamoorthi) 하원의원이 중국·러시아·이란·북한에서 개발된 AI 모델을 연방정부 기관에서 사용하지 못하도록 하는 내용의 법안을 공동 발의하는 등 국가 안보와 규제의 실용적 연계를 강화하고 있다.[15]

한국에서는 2024년 12월에 〈인공지능 발전과 신뢰 기반 조성 등에 관한 기본법(인공지능기본법)〉이 국회를 통과했다. 해당 법안은 인공지능의 건전한 발전을 지원하고, 인공지능 사회의 신뢰 기반을 조성한다는 목표를 천명하고 있으나, 향후 규제의 세부사항이 담긴 시행령 및 고시와 가이드라인을 통해 시장의 불확실성을 최소화하고 법의 목표를 달성할 수 있는 지침을 제시할 필요가 있다. 이 밖에도 AI의 개발 및 활용 단계에서 발생할 수 있는 개인정보 침해, 저작권 침해, 딥페이크 등을 규율하기 위한 기존 법제도의 정비도 필요한 상황이다. 제도 정비의 원칙은 AI 확산으로 인해 발생할 수 있는 위험을 최소화하기 위한 규율을 세우되, AI 혁신을 가로막지 않도록 해야 한다는 것이다. 제도개혁은 단순히 규제냐 혁신이냐의 이분법이 아니며, 안전성과 성장의 선순환 고리를 만들어 내는 정책 설계가 필요하다. AI가 주도하는 미래 사회에서 법제도의 명확성과 집행력은 경쟁력의 핵심이 될 것이다.

물리적 인프라와 데이터 외에도 AI 생태계 발전을 위해 필수적인 요소가 인적자본이라는 점에서 AI 국가인재 양성은 또 하나의 중요한 실행과제이다. 네 번째 실행과제인 AI 인재양성은 AI 기술을 개발할 수 있는 고급 인재와 함께, 개발된 AI를 자신의 업무에 효과적으로 활용할 수 있는 실무 인재의 양성을 포괄하는 정책이다. 최근 빅테크 기업들에서 나타나고 있는 개발자 대량 해고 현상에서 보듯이, AI 개발도구의 성능이 진화할수록 많은 수의 개발자보다 소수지만 양질의 개발자에 대한 기업의 수요가 커질 것으로 전망된다. 이러한 추세가 가속화된다면 AI 인재양성 정책도 소수의 최고급 인재 확보와 다수의 AI 활용역량 강화라는 방향으로 수립되어야 한다.

고급 인재를 양성하기 위해서는 상당한 시간이 소요된다. 그러나 빠른 AI 선도국 추격을 위해서는 단기적인 인재 확보가 필요하고, 이를 위해서 빠른 시일 내에 국내외 고급인재를 국내 AI 분야에 유치해 유지시키는 정책이 필요하다. 하나의 방안은 해외 AI 인재 유치를 위한 인센티브 제도를 마련하는 것이다. 현재 AI 분야의 글로벌 인재는 극소수의 기술 강국 및 빅테크 기업에 집중되고 있으며, 국가 간 인재 확보 경쟁은 반도체 못지않은 전략산업 차원의 경쟁으로 확산되고 있다. 이에 따라 주요국들은 학문적·산업적 경력을 갖춘 해외 인재를 자국으로 유치하기 위한 고소득 보장, 이민 완화, 가족 동반 정착 지원 등의 제도적 유인을 강화하고 있다. 예컨대 캐나다는 '글로벌 인재 스트림(Global Talent Stream)' 제도를 운영하여 AI를 포함한 IT 연구자 및 개발자에 대해 2주 이내 취업비자를 발급하고 있으며, 토론토·몬트리올을 중심으로 정부 지원 연구소와 민간 스타트업을 연계하는 'AI 클러스터'를 조성해 이민 인재가 정착하고 성장할 수 있는 환경을 제공하고 있다. 또 싱가포르는 'Tech.Pass' 비자를 도입해 고연봉 해외 기술 전문가가 2년간 자유롭게 거주·근무할 수 있도록 허용하고 있으며, 해당 비자를 받은 인재는 둘 이상의 기술 회사 운영, 직원과 기업가 겸직, 대학 강의 및 기업 고문 등의 활동도 가능하도록 범위를 넓혀 자율성과 정착 유인을 보장하고 있다.

한국도 2025년 4월부터 해외 우수 인재 유치를 위해 취업이 자유롭고 가족까지 정주가 가능하며 3년 후 영주권을 취득할 수 있는 '톱티어(Top-iter)' 비자 발급을 시작했다. 아울러 K-tech pass 프로그램을 통해 신속한 비자발급, 교육 및 주거 지원, 세제 혜택 등을 제공한다고 발표되었다.[16] 그러나 현재 반도체·디스플레이·이차전지·바이오 산업에 한정된 톱티어 비자의 발급 분야를 넓힐 필요가 있으며, 국내 주요 대학 및 AI 연구소와 연계한 채용·연구 매칭 프로그램, 초기 정착을 위한 행정지원 원스톱 서비스 구축 등 더욱 파격적인 인센티브 제도를 마련함으로써 실효성을 높여야 할 것이다.

해외에서 인재를 유치하는 것뿐만 아니라 국내의 우수 인재가 국내 AI 분야로 진입하도록 하는 것도 필요하다. 하나의 방법은 AI 기반 혁신 창업 활성화를 통해 우수 인재를 AI 분야로 유인하는 것이다. 즉, AI 창업 생태계를 확대하여 청년·기술전문가·산업 인력을 AI 분야로 유입시키는 '진입로'를 넓히는 방식이다. 구체적으로는 AI 서비스 및 AI+X 융합산업 등 신성장 분야에 특화된 창업 기회를 제시하고, 이를 위한 기술 실증 공간과 초기 자본을 선제적으로 조성해 제공하는 등의 정책을 확대할 수 있다. 또한 기술 검증 및 데이터 활용을 위한 공공 인프라 개방, 연구자 중심 기술사업화 지원, 그리고 세제 지원 및 규제 개혁이 병행되어야 한다. 우수 인재를 첨단 산업분야로 유입시키기 위해서는 창업의 문턱을 낮추는 것만으로 부족하고, '진입로'와 함께 수익성 있는 '출구'를 넓힐 때 비로소 투자와 진입의 유인이 극대화될 수 있다. 이를 위해 벤처기업에 대한 기업공개(IPO) 및 인수합병(M&A) 제도 정비로 투자이익 회수의 기회를 확대시킬 필요도 있다.

장기적인 AI 인재 양성 전략은 교육과정 전 주기를 대상으로 설계되어야 한다. 먼저 초·중등 교육과정 전반에 걸쳐

STEAM(과학·기술·공학·예술·수학) 기반의 융합 교육과 함께 인공지능 및 소프트웨어 교육의 비중을 높임으로써 디지털 문해력을 강화할 필요가 있다. 아울러 현장 교원의 전문성 강화를 위한 AI 연수 확대도 필요하다. 대학 단계에서는 AI 관련 학과 및 대학원 과정 확대를 추진할 수 있다. 현재 대부분의 AI 관련 학과가 수도권 주요 대학에 집중되어 있고, 전문 교수 인력과 연구 인프라 또한 부족하다는 지적이 제기되는 가운데, 국가는 권역별 균형 있는 학과 개설과 산학연계 실습 중심의 교육과정 지원을 통해 지역 거점 AI 인재 양성 체계를 강화해야 한다. 특히 AI 반도체, 데이터과학, 생성형 AI 등 분야별로 전문인재 양성 트랙을 마련하고, 학부와 대학원, 연구소 간 유기적 연계를 지원하는 방안을 검토해야 한다.

재직자와 성인 학습자 대상의 재교육 또한 AI 대전환(AX)에 대비한 인적자본 개발 과제로 인식된다. 산업 현장에서 AI 기술을 활용해 새로운 생산성과 부가가치를 창출하기 위해서는 현업에 종사 중인 인력의 역량 전환이 필수적이며, 이를 위해 정부는 온라인 기반 직무 특화 교육, AI 부트캠프, 생애주기별 맞춤형 AI 교육 프로그램 등을 설계·지원할 수 있다. EU 집행위원회와 OECD는 2025년 5월에 초중등 교육을 위한 AI 리터러시 프레임워크 초안(AILit Framework)을 발표했는데, 이 프레임워크는 AI 도구의 단순한 사용을 넘어 AI와의 공동 창작, 윤리적 고려, 책임 있는 활용 등을 강조하였으며, AI 리터러시를 모든 교과목에 통합할 것을 제안하고 있다.[17] 싱가포르는 정보통신미디어발전국(IMDA) 및 AI Singapore를 통해 공직자 대상의 'Data & AI Literacy ePrimer'와, 초·중등 교사 및 학생 대상 AI 교육 플랫폼을 운영하며 전 세대 대상 디지털 학습 환경을 제공하고 있다.

인재 양성은 AI 기술의 독자성과 활용 확산의 가장 근본적 기반이며, 교육-연구-현장의 선순환 구조를 설계하는 것이 정부 정책의 중심이 되어야 한다. AI는 알고리즘보다 사람의 역량을 통해 발전하며, 기술이 아닌 사회가 AI를 어떻게 받아들이고 활용하느냐에 따라 산업의 성패가 갈릴 것이다.

마지막 실행과제는 국민과 기업의 AI 활용 확대이다. AI의 생산성 증대효과는 국민과 기업 모두가 AI를 배우고 활용하며 AI의 혜택을 누릴 때 극대화된다. 신기술의 생산성 증대 효과는 기술의 확산 범위가 넓을수록 커질 수 있다는 것은 이미 AI 이전의 IT 기술 발전에 대한 연구에서 분석된 바 있다. 1970년대부터 나타난 IT 기술의 급속한 발전에도 불구하고 미국을 포함한 IT 기술개발의 주도 국가의 생산성이 상당 기간 증가하지 않았다. 경제학자들은 이를 IT 생산성 역설(Productivity Paradox of

IT)[18]이라 부르고, 이러한 현상의 원인 중 하나로 IT 기술의 느리고 불균형적인 확산을 지목했다. 기업 내부적으로는 옛 기술 사용의 관성과 느린 신기술 습득이, 산업 또는 국가경제 차원에서는 다수 기업들의 신기술 도입 지체가 낮은 생산성 증대효과의 원인이라는 것이었다. 예를 들어 이메일이라는 신기술이 업무효율을 증대시켜 줄 수 있어도 기업 내 일부 부서 또는 산업 내 일부 기업만 이를 채택하는 경우, 상호 간 거래나 업무공유를 위해서 팩스를 계속 사용할 수밖에 없다는 것이다. IT 생산성 역설과 같은 현상을 피하고 AI 투자를 통해 국가의 잠재성장률을 끌어올리기 위해서는 AI 기술의 빠른 확산이 필요하며, 특히 AI 기술 활용 여력이 떨어지는 중소기업 및 소상공인들의 AI 도입과 활용을 지원해야 한다.

국민과 기업의 AI 활용 지원은 AI 산업의 수요를 증대시키는 효과도 가져올 수 있다. 정부는 조달이나 공공서비스 개선 사업을 통해 AI 서비스의 수요를 선도적으로 창출하는 동시에 민간의 활용을 지원함으로써 후속 거래를 이끌어 낼 수 있다.

다시 돌아온 산업정책의 시대

한국의 전통적 수출 주력산업들이 글로벌 시장에서의 경쟁

우위를 점점 상실해 가는 흐름 속에서, 향후 국가경제의 지속 가능한 성장을 이끌 미래전략산업의 육성이 절실한 과제로 부상하고 있다. 세계시장에서 상당수의 한국 수출주력산업은 이미 중국에 추격당했고 그 격차가 벌어지고 있다. 한국경제인협회(한경협)의 2024년 자료에 따르면 한·중 8대(大) 주력 산업 중 7개 업종에서 중국이 한국보다 높은 세계시장 점유율을 차지하고 있고, 국가 3대 첨단 전략 산업인 반도체·디스플레이·이차전지 분야에서의 점유율 격차는 10년 새 3배에서 8배까지 벌어졌다.[19] 반도체, NCM 배터리, OLED 디스플레이, LNG 운반선 등 첨단 기술·고부가가치 제품에서는 한국이 아직 경쟁력을 갖고 있지만, 중국이 대규모 투자와 기술축적을 통해 빠르게 추격 중이며, 일부는 이미 기술적으로 한국에 앞서는 것으로 평가되고 있다.[20]

중국 제조업의 급속한 성장의 배후에는 보조금, 대출지원, 국산품 우선 조달 등 중국 정부의 전폭적인 지원이 있었다는 것은 주지의 사실이며, 한동안 서방의 선진국들은 이러한 중국의 비시장적 관행에 대해 강하게 비판했다. 그러나 세계 경제에서 중국의 영향력이 뚜렷해지고 미국이 대중국 패권경쟁을 본격화하면서, 각국은 앞다투어 산업정책을 채택하기 시작했다. 국가별 정책에 대한 자연어 분석을 통해 국가개입적 산업정책을 식별한 Juhász et al.(2023)의 연구에 따르면 2018년 이후 전 세계 산업정책 도입 빈도가 크게 증가하고 있고, 대부분은 가장 부유한 선진국에 의해 도입되었다([그림 2-3]과 [그림 2-4]).

이러한 상황에서 우리 정부도 성장 가능성과 파급력이 높은 산업을 선별해 집중 지원하는 방향으로 산업정책을 재정비할 필요성이 높아졌다. 현재 우리 경제에 요구되는 산업정책은 기존 주력산업의 부활과 미래전략산업의 육성이라는 두 가지 방향으로 나뉠 수 있다. 그중 미래전략산업 육성은 경쟁력이 떨어져 가는 주력산업을 대신해 국가의 부가가치와 고용 창출을 주도할 수 있는 산업을 발굴해 키우고자 하는 정책이다.

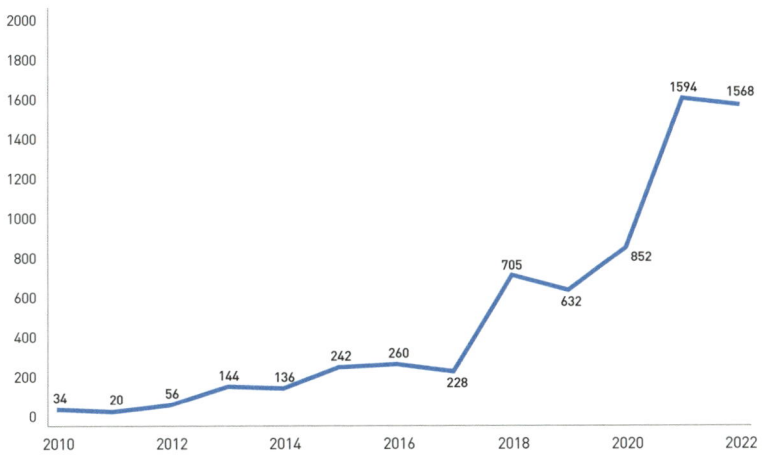

[그림 2-3] 전 세계 국가개입적 산업정책 도입 건수
주: 가로축은 연도, 세로축은 건수
자료: Juhasz et al.(2023)

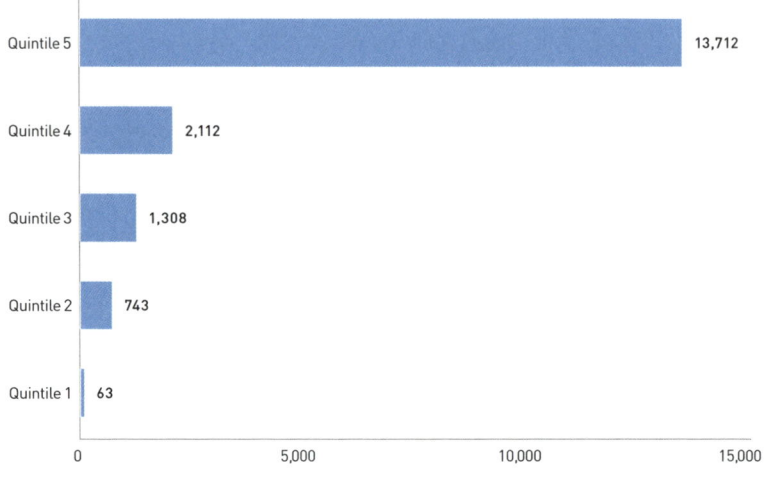

[그림 2-4] 국가 1인당 GDP 분위별 산업정책 도입 건수
주: 1인당 GDP 기준으로 Quintile 1은 하위 20% 국가,
Quintile 5는 상위 20% 국가를 의미. 가로축은 산업정책 도입 건수
자료: Juhasz et al.(2023)

앞서 서술한 바와 같이 산업정책 실행의 필요성과 별개로 어떤 산업을 어떻게 육성할 것인가를 결정하는 것은 매우 어려운 일이다. 그럼에도 불구하고 대상 산업 선별을 위한 최소한 기준은 성장성과 파급효과일 것이다. 진짜성장의 목표를 달성하기 위해서는 향후 큰 규모의 부가가치와 고용을 창출할 것으로 예상되는 산업이 성장할 수 있도록 지원해야 한다. 또한 정부의 지원은 해당 산업에서의 경제적 부의 창출뿐만 아니라, 타 산업, 나아가 사회 전체가 직면하고 있는 문제 해결에도 기여할 수 있는

산업에 우선적으로 제공되어야 한다.[21]

두 가지 최소 원칙하에 국가 지원·육성 산업의 후보로는 AI, 바이오헬스, 콘텐츠, 방위·우주·항공, 에너지 산업 등을 고려할 수 있다. 이들 산업은 단지 향후 성장 가능성이 높다는 것 외에도, 경제 생산성 제고, 국민 건강 증진, 삶의 질 향상, 국가안보 강화, 사회경제활동 기반 강화 등 보다 넓은 사회적 목표 달성에 기여할 수 있다는 점에서 국가의 전략산업이라 할 수 있다. 물론 정부가 지원하는 미래성장산업이 이에 한정된 것은 아니며, 기술과 산업의 진화와 성장 추세에 따라 국가가 전략적으로 육성할 분야가 새롭게 등장할 수 있는 가능성을 배제해서는 안 될 것이다.

미래전략산업 ABCDE

우리 정부가 지원·육성을 검토할 수 있는 미래전략산업으로는 ABCDE, 즉 인공지능(AI), 바이오헬스(Bio-health), 문화(Culture), 방위·우주·항공(Defense), 에너지(Energy) 산업을 꼽을 수 있다. 이 중 앞서 서술한 AI 산업과 다음 장에서 상술할 에너지 산업을 제외한 바이오헬스, 문화콘텐츠, 방위·우주·항공 분야에서의 정책목표와 전략을 좀 더 자세히 살펴보자.

바이오·헬스케어 산업은 생명과학(biotechnology), 제약(pharmaceuticals), 의료기기(medical devices), 디지털헬스(prescriptive digital health) 등을 포괄하는 융합 산업군이다. 한국보건산업진흥원(2025)에 따르면 전 세계 바이오헬스산업 시장규모는 2023년 13조 5,381억 달러로 지난 5년간('19~'23) 연평균 5.4%의 성장을 기록하였으며, 그 추세는 향후 5년간에도 유사하게 지속되어 시장규모는 2030년까지 19조 4,268억 달러로 확대될 것으로 전망된다. 세부 산업별로는 2023년 기준 제약산업 규모가 1조 7,487억 달러, 의료기기산업 5,291억 달러, 화장품산업 4,964억 달러, 의료서비스산업이 10조 7,639억 달러로 추계된다.

바이오·헬스케어 산업 육성의 우선적 목표는 혁신적 제약기업 및 의료기기 제조기업을 육성하여 산업의 규모 확대와 글로벌 경쟁력 확보를 이루는 데 있다. 2023년 기준 한국의 바이오헬스산업 시장규모는 세계 11위인 2,159억 달러로 전 세계 시장의 1.6%를 차지하고 있다. 바이오·헬스케어 산업 육성 정책이 성공적으로 추진되는 경우 한국의 시장규모는 캐나다(세계 시장 규모의 2.2%)를 넘어선 글로벌 Top 7 수준까지 성장할 수 있을 것으로 판단된다. 바이오·헬스케어 산업의 성장은 고령화 시대에 안정적 의료 서비스 공급과 필수 의약품 확보, 궁극적으로

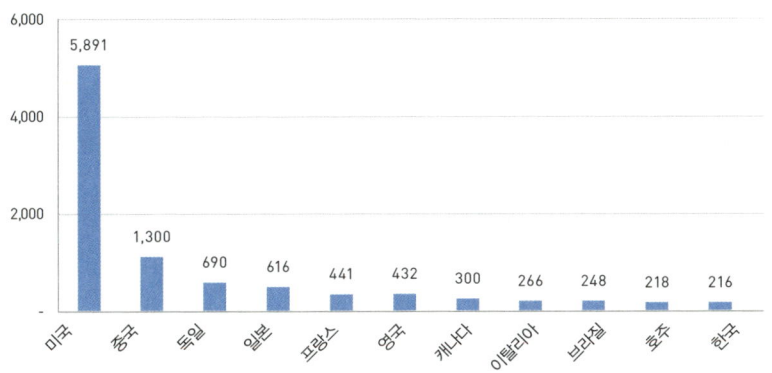

[그림 2-5] **국가별 바이오헬스산업 시장규모**(2023년 기준, 단위: 십억 달러)
주: 바이오헬스산업=제약+의료기기+화장품+의료서비스
자료: 한국보건산업진흥원, 〈2025 글로벌 바이오헬스산업 시장규모〉

는 국민건강 증진으로 국민복리 향상을 위한 토대를 제공할 수 있다.

해외 주요국은 다양한 연구개발투자 프로그램을 통해 바이오·헬스케어 산업 육성을 지원하고 있다. 미국은 2020년 코로나 백신 및 치료제 개발 및 대량생산을 목표로 'Operation Warp Speed' 프로그램을 진행시킨 바 있고, 생물의약 분야 스타트업에 대한 NIH SBIR/STTR 펀드, FDA 혁신 가속화 제도 등을 통해 바이오 신제품 조기 상용화를 장려하고 있다. EU는 'Horizon Europe' R&D 펀드 중 보건 클러스터를 통해 정밀의료, 백신, AI기반 헬스 분야에 수십억 유로 수준의 과제를 지원하며 공공·민간 협업을 활성화하고 있다. 일본은 'Moonshot

Goal 2030'을 통해 2030년까지 "누구나 어디서나 고품질 의료를 받을 수 있는 의료 네트워크 인프라를 구축"하는 것을 목표로 삼고 의료기기·원격진료·정밀의료 R&D를 종합 지원하고 있다.

한국도 2025년 1월에 국가바이오위원회를 출범시키고 '한국형 바이오 클러스터' 구축, K-바이오헬스 전략센터를 중심으로 한 공공 임상시험수탁(CRO), 위탁개발생산(CDMO) 기능 강화 등의 계획을 제시했다. 또한 1조 규모의 펀드를 조성하고, 정책금융과 무역보험 지원을 확대하며, 2027년까지 바이오헬스 분야 인재 11만 명을 양성한다는 목표도 밝혔다.

새 정부는 기존에 국가바이오위원회 출범과 함께 제시되었던 바이오헬스 분야 육성 계획의 실행 계획을 보완하는 동시에 혁신투자를 견인할 적정보상체계 정비, 필수·퇴장방지 의약품의 비축확대 및 국산화·자급화 기술개발 지원 등 공약으로 제시되었던 정책들의 실행 가능성 및 실행 방안을 검토할 필요가 있다. 아울러 바이오 기술을 중심으로 AI, 농업, 의료 등이 융합되는 신기술 융합 생태계를 조성하고, 생태계 발전을 위해 AI 기술개발, 의료 데이터 활용, 바이오 식품산업 육성 등의 지원 정책의 세부 추진 방안도 마련해야 할 것이다.

다음은 문화 콘텐츠 분야이다. 한국 콘텐츠가 최근 세계무대에서 괄목할 성과를 거두며, 한국은 명실상부한 문화강국의 위상을 갖춰가고 있다. 세계적인 흥행을 기록한 〈오징어 게임〉, 노벨문학상 수상이라는 위업을 달성한 한강 작가의 사례, K-팝의 세계적 인기, 한국 영화와 뮤지컬의 해외 유명 어워드 수상 등은 대한민국의 콘텐츠가 단지 국내를 넘어 전 지구적 정서와 감각을 사로잡을 수 있음을 명확히 보여 주고 있다. 이제 '대한민국에서 통하면 세계에서도 통한다'는 말은 단순한 수사가 아니라, 콘텐츠 수출의 현실이자 전략적 방향을 규정하는 원칙이 되었다.

이는 곧 문화산업이 외연의 팽창을 넘어 내적으로도 고도화되고 있다는 증거이며, 문화예술 종사자들의 창의성과 노력의 결실이라 할 수 있다. 콘텐츠 산업은 이제 하나의 '소프트파워'를 넘어, 국가의 미래성장동력을 책임지는 핵심 산업으로 자리 잡고 있으며, 이러한 흐름을 더욱 강화하고 지속 가능한 구조로 안착시키기 위한 전략이 필요한 시점이다.

한국콘텐츠진흥원(2025)의 추계에 의하면 2024년 기준 한국 콘텐츠 산업의 매출액은 157조 5,970억 원으로 전년 대비 2.2% 증가했다. 콘텐츠 산업에는 다양한 분야의 문화상품이 포함되는데, '문화콘텐츠 특수분류체계'에 따라 출판, 만화, 음악(공연), 게임, 영화, 애니메이션, 방송, 광고, 캐릭터, 지식정보, 콘텐츠솔루션 등을 포괄한다. 이 중 가장 비중이 높은 지식정보(포털, 온라인 정보제공, e-러닝 등)의 매출액(약 25조 4,278억 원)을 제외하면 문화콘텐츠 매출액은 약 132조 원 수준이다. 2024년 연간 수출액 추정치는 135억 7,330만 달러로 전년 대비 1.8% 증가했다. 콘텐츠 산업 중에는 게임 수출액이 약 76억 2,885만 달러로 절반 이상을 차지했다. 증가율로 보면 만화(웹툰 포함)가 61.3%, 음악이 51.5%, 광고가 48.8%로 가장 빠르게 성장하고 있다. 디지털 환경에 대한 적응력도 빠르게 강화되고 있다. 2023년 기준 국내 디지털 미디어 시장은 약 36조 원 규모로, 전체 콘텐츠 산업에서 차지하는 비중이 점점 커지고 있다. 특히 디지털 콘텐츠 제작 시장은 연평균 15%가 넘는 고성장을 지속하며, 콘텐츠의 형식과 유통 채널의 다변화를 주도하고 있다.[22]

2024년 기준 문화예산은 국가 총지출 대비 1.33% 수준으로, 그동안의 성과에 비해 상대적으로 적은 수준이다. 향후 국가 문화재정의 과감한 확대가 요구되며, 이는 단순한 수치상의 증가가 아닌 문화산업을 중심축으로 하는 미래 산업전략의 일부로 인식되어야 한다.

문화산업은 그 자체로 고부가가치 산업으로서의 중요성을 가지지만, 동시에 국가 이미지 제고와 연계된 전략적 파급효과 측면에서 더욱 중요한 의미를 지닌다. 한류 콘텐츠는 한국이라는 국가 브랜드를 형성하는 핵심 자산이며, 이는 외국 소비자들이 한국 제품과 서비스에 대해 긍정적 인식을 갖도록 유도함으로써 관광과 뷰티, 식품 등 연관 산업 전반에 걸쳐 경제적 효과를 유발한다. 한국콘텐츠진흥원(2024a)이 한국을 포함한 주요 8개국을 대상으로 분석한 결과에 따르면, 콘텐츠 수출액이 1백만 달러 증가하면 국가브랜드 가치는 약 41만 달러 늘어난다. 한국의 콘텐츠산업 수출에 따른 부가가치유발액은 2010년 2조 5,541억 원에서 2019년 9조 9,760억 원으로 290.6% 증가했다. 타 산업 부가가치 유발은 특히 화장품, 식품, 관광 등의 분야에서 두드러진다.

실제로 한국의 화장품 수출은 2010년 5억 달러 수준에서 2023년 약 76억 달러로 급증하였으며, 이는 같은 기간 동안 한류 콘텐츠의 해외 소비자 접촉 빈도와 정비례하는 추세를 보였다. 관광산업 역시 문화산업과 밀접하게 연계되어 있다. 한 조사에 따르면 한류 콘텐츠를 소비한 해외 소비자의 약 72%는 한국 방문 의향을 갖고 있으며, 실제로 K-드라마 촬영지나 K-팝 공연장이 주요 관광지로 부상하고 있다.[23] 이러한 '콘텐츠 관광'은 단순히 관광객 수의 증가를 넘어서, 지역경제와 숙박, 음식, 소매, 교통 등 연관 산업의 수익 창출에도 기여하고 있다.

국가 브랜드 파워를 제고할 수 있는 콘텐츠·문화산업 성장 정책의 비전은 문화강국으로서의 대한민국이 글로벌 소프트파워 Big 5에 진입하는 것이다. 현재 해외 기관들이 측정한 한국의 소프트파워는 세계 10위 내외이고 문화적 영향력은 7위권이므로 실현 가능한 비전이라 할 수 있다.

 이러한 비전의 실현을 위해 콘텐츠 창작 전 과정에 대한 체계적 지원이 병행되어야 한다. 콘텐츠 제작과 유통, 해외시장 진출을 포함한 전 단계에 국가 차원의 정책적 뒷받침이 이루어져야 하며, 이를 위해 K-컬처 플랫폼을 조성하고, 대형 복합 아레

순위	Brand Finance's Global Soft Power 2025 (**한국 12위**)	ISSF's World Soft Power Index 2023	US News&World Report Cultural Influence Ranking
1	미국	미국	이탈리아
2	중국	프랑스	프랑스
3	영국	영국	미국
4	일본	일본	스페인
5	독일	독일	일본
6	프랑스	스위스	영국
7	캐나다	**한국**	**한국**
8	스위스	스페인	스위스
9	이탈리아	캐나다	독일
10	아랍에미리트	중국	아랍에미리트

[표 2-1] **국가별 소프트파워/문화적 영향력 순위**
자료: Brand Finance, ISSF, US News&World Report

나, 공공 공연장 및 스튜디오 등 공공 인프라를 적극적으로 확충해야 한다. 여기에 문화예술 R&D 지원 확대, 정책금융 및 세제 인센티브 제공 등의 제도적 수단을 결합하여 콘텐츠 산업 전반의 역량을 끌어올리는 한편, 지속 가능한 생태계를 구축해 나가야 할 것이다.

문화예술인의 창작 환경 개선도 중요한 과제로 제시된다. 창작비, 창작공간, 안정적 소득기반 마련 등을 통해 예술인이 창작활동에 전념할 수 있도록 제도적 기반을 확충해야 한다. 동시에 인문학에 대한 공적 지원 역시 강화하여, 창의성의 기반이자 콘텐츠의 내적 깊이를 책임지는 인문학적 토대를 보다 공고히 할 필요도 있다. 또한, 콘텐츠 산업이 지속 가능한 산업으로 기능하기 위해서는 지식재산권 보호가 뒷받침되어야 한다. 콘텐츠 불법유통과 해외 불법 사이트에 대해서는 강력한 차단 조치를 취하고, 국제 공조를 통해 저작권 침해에 대한 실질적 대응 체계를 마련할 필요가 있다. 특히 최근 AI 생성 콘텐츠와 같은 신기술 분야 저작권 제도도 정비해야 한다.

최근 새롭게 한국의 주요 수출산업으로 떠오르고 있는 것이 방위·우주·항공산업이다. 2016년까지 약 20억 달러에 머물렀던 무기수출액은 2022년 약 173억 달러로 역대 최대 실적을 달성했다. 2022년 이후 수출액 규모가 다소 감소하고 있으나, 최근 폴란드에 65억 달러 규모의 전차 수출계약을 체결하는 등 올해는 200억 달러 이상의 수출을 달성할 것으로 예상된다.[24] 이에 방위·우주·항공산업 육성 정책의 비전은 5년 내 K-방산을 세계 4대 강국 수준으로 끌어올리는 것으로 설정할 수 있다.

방위산업을 세계 4대 강국 수준으로 육성하기 위해서는 기술력 강화와 수출 확대를 위한 전략적 정책지원이 필요하다. 이를 위해서는 정책을 실행할 거버넌스 체제 마련부터 미래지향적 우주산업 투자까지 아우르는 종합 전략이 마련되어야 한다. 민

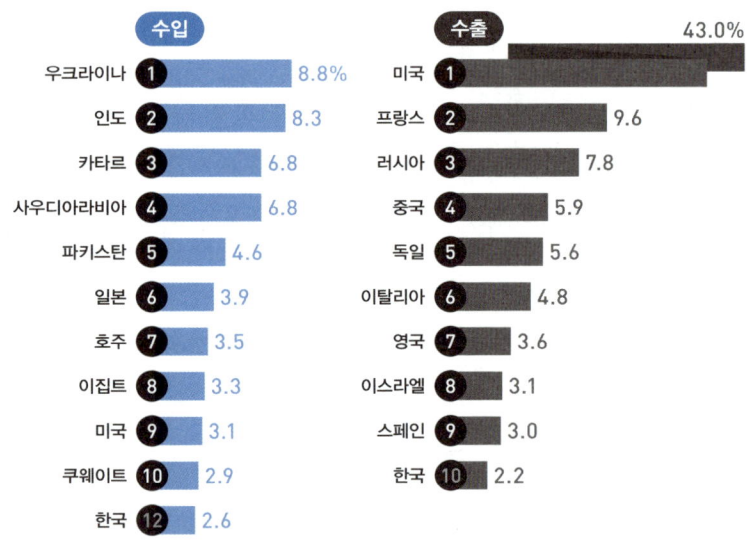

[그림 2-6] 2020~2024년 전 세계 무기 수출입 비중 순위
자료: 스톡홀름국제평화연구소(SIPRI),
〈Trends in International Arms Transfers, 2024〉, 한국NGO신문에서 재인용

주당의 대선 공약을 중심으로 실행 여부 및 방안을 검토할 수 있는 정책들은 다음과 같다.

먼저 방위산업 수출 컨트롤타워 신설 및 정례전략회의 확대이다. 국내 방산수출을 전방위로 지원하기 위해, 정부는 '방산수출 컨트롤타워'를 신설하여 수출 정책 조정 및 실행 역량을 집중할 필요가 있다. 예컨대 국방부, 산업부, 외교부, 금융기관 등 관련 기관이 참여하는 (가칭)방산수출진흥전략회의를 정례화하면 민·관 연계를 강화하고 응답 속도를 높일 수 있다. 국방 R&D 투자 확대 및 AI 첨단 기술 기반 구축도 중요한 과제이다. 러시아-우크라이나 전쟁과 이스라엘-팔레스타인 전쟁 등 최근 발생한 국지전에는 안면인식, 자율무인기, 정찰로봇, 사이버 방어 등 최신 AI 기술이 활용되었다는 보고가 나오고 있다.[25] 최근 방산업체들은 AI를 최우선 혁신기술로 꼽고 있고 빅테크들은 국방사업에 적극적으로 참여하고 있다.[26] AI 기술의 무기화는 윤리적인 측면에서 논쟁의 대상이 되지만, 국방안보 측면에서 첨단 전장환경에 대한 대비와 기술 자립의 필요성을 외면할 수 없는 우리나라에서는 방위 핵심기술과 AI 기반 무기 체계에 대한 R&D를 확대해야 한다. GPS, 인터넷, 전자레인지 등 상용화된 기술이 국방 연구개발에서 비롯되었듯이, 국방 R&D는 AI 기술개발의 보완재가 될 수 있다.

다음으로 검토할 수 있는 정책은 방산 제품의 수출금융 패키지 및 글로벌 시장 수주 지원이다. 방산기업이 해외 시장에 진출할 때 초기 수주 리스크와 금융 부담은 가장 큰 장애 요인이다. 이를 해결하기 위해 정책금융기관은 수출 보증·보험·장기 신용 지원을 포함한 방산 특화 수출 금융 패키지 등을 구성하여 시장 진입 장벽을 낮출 수 있다. 스타트업 육성과 인력 양성도 정부 차원에서의 지원이 필요하다. 정부는 스타트업을 중심으로 진행되는 기술공모전 개최와 R&D 자금 지원을 늘리고, 병역 특례 확대 등을 통해 우수인재가 방산산업으로 유입되도록 도울 수 있다.

항공과 우주산업 성장과 관련해서는 인증, R&D 투자, 전문인력 양성과 같은 기본적인 지원정책 외에 연구개발 클러스터 활성화를 통한 지속적 발전기반을 구축을 추진할 수 있다. 2024년 5월에 한국우주항공청(KASA)이 출범한 것은 본격적인 우주산업 정책 추진의 변곡점이라 볼 수 있다. KASA 본청 조기 완공과 고흥 지역의 인프라 확충은 우주 산업 거버넌스 중심점으로서 전략적 기능을 수행할 것이다.

3

에너지 고속도로와
산업 업그레이드

재생에너지 도입의 필요성

기후 위기 파고가 전 세계를 휩쓸고 있다. 이제는 단순한 환경 문제가 아니라 산업과 경제의 미래를 좌우하는 실질적인 위협이 되고 있다. 특히 유럽연합(EU)에서 도입하려는 탄소국경세(CBAM)는 국내 기업들이 탄소 배출량을 적극적으로 줄이지 못할 경우 EU 시장으로의 수출을 차단당할 가능성을 높이고 있다. 한국은 철강, 자동차, 석유화학 등 제조업을 기반으로 하는 수출 중심 국가이기 때문에 온실가스 배출량이 상당하다. 그런데 EU는 탄소국경세 도입에 따라 2026년부터 탄소 배출량을 입증하지 못하는 기업의 수출 품목에 족쇄를 채울 예정이다. 한국개발연구원(KDI, 2021)은 우리 기업들이 RE100(100% 재생에너지 이용)에 참여하지 않을 경우에 자동차 수출은 15%, 반도체와 디스플레이 수출은 각각 30%와 40% 감소할 것으로 예측했다. 대한

상공회의소 또한 RE100 미이행 시 국내 기업의 약 60%가 수출에 부정적인 영향을 받을 것이라고 전망했다(대한상공회의소, 2024). 온실가스 감축과 재생에너지 확대는 더 이상 선택의 문제가 아닌 생존의 문제로 닥쳐 왔다.

인공지능(AI) 기술의 발전으로 세계 경제의 디지털 전환도 가속화되고 있는데, AI, 반도체, 데이터센터 등 첨단산업들은 막대한 전력을 소모할 수밖에 없는 생산 구조를 가지고 있다. 따라서 디지털·AI 전환의 방향으로 산업구조가 개편될 경우 국가적 차원에서 전력수요는 급속도로 증가할 것으로 예상된다. 에너지경제연구원이 국제에너지기구(IEA)의 '에너지와 AI(Energy and AI)' 보

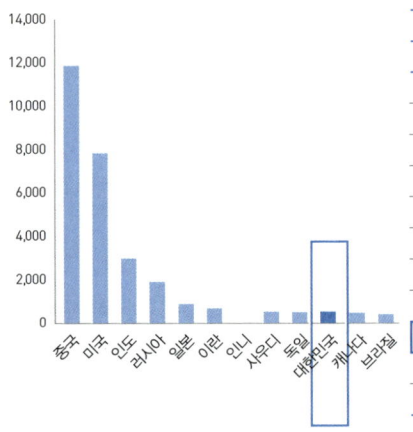

[그림 3-1] **고탄소배출국(MtCO2)**
자료: 세계에너지 및 기후통계(2024연감)

[표 3-1] **배출량국별 비교(2022년)**
자료: 지표누리 국가발전지표

단위:톤CO2eq./만달러, 톤 CO2eq./인		
	GDP대비	1인당
인도	13.3	2.8
브라질	6.9	6.0
프랑스	1.6	6.5
이탈리아	2.0	6.7
영국	1.3	6.3
중국	9.6	11.0
일본	2.6	9.4
독일	2.2	9.5
한국	4.2	14.0
미국	2.9	17.9
호주	3.6	22.0

고서를 분석한 결과에 따르면 AI와 데이터센터의 전력 수요는 2035년까지 최대 1,700TWh에 이를 수 있다고 한다. 이는 현재 데이터센터들이 사용하는 전력량의 4배에 해당하는 수치이다. 실제 GPT-3 한 번의 학습에는 1,287MWh의 전력이 소요되고, ChatGPT의 연간 전력사용량은 226GWh라고 한다. 핀란드나 벨기에의 하루 전력량에 필적하는 수치다(한국과학기술기획평가원, 2025b). 대한상의는 "AI 시대 최대 도전은 전력망"이라며, 2038년까지 최대부하가 32% 증가할 것으로 예측하였다.

한편, 전력공급이 확대되더라도 에너지 공급의 탄소중립성과 안정성이 확보되지 못할 경우 우리나라는 글로벌 ESG 기준에서 도태될 위험성도 있다. 이 때문에 재생에너지 확충은 지속적인 산업 성장의 필수적인 기반인프라가 되었다. 국내에서 이러한 시류 변화에 대응하기 위해 확대되고 있는 것이 해상풍력과 태양광 발전이다. 해상풍력의 축은 서남해와 제주, 그리고 동해지역이다. 한반도의 지리구조 특성상 서해와 남해는 수심이 낮아 고정식 풍력발전 설치에 적합하고, 수심이 깊은 동해에는 부유식 풍력 발전이 유망하다. 해상에서의 풍력발전기 설치는 초기 투자 비용이 크지만, 정부가 세제 혜택과 같은 정책적 지원을 펼친다면 규모의 경제를 통해 궁극적으로는 비용을 줄이면서 경쟁력을 확보할 수 있을 것으로 보인다. 이 때문에 정부는 해상풍력과 태양광 발전을 국가전략기술로 지정하고 이를 지원하기 시작했다. 그러나 아래 [표 3-2]에서 보듯이 현재 한국의 재생에너지 발전량은 여전히 10% 내외 수준에 그쳐 EU나 미국에 비해 크게 뒤떨어져 있다.

구분	현재 (기준 연도)	2030년 목표	2040년 목표	2050년 목표
한국	9.67% (2023년)	18.7%	35%	84%
EU	47.4% (2024년)	상향 논의 중	배출량 90% 감축	거의 100%달성
미국	21.3% (2022년)	-	-	44%

[표 3-2] 한국과 주요국 재생에너지 발전량 및 목표치 비교
자료: 한국에너지공단 신재생에너지센터, 제10차 전력수급기본계획, 한국에너지신문, 연합뉴스

재생에너지 확대가 말처럼 쉽지만은 않다. 발전설비 구축 비용과 함께 재생에너지 확대에 큰 걸림돌로 작용하는 문제가 발전량의 간헐성으로, 지난해 독일에서 발생한 '둥켈플라우테(Dunkelflaute) 사태'는 이를 보여 주는 사례이다. 둥켈플라우테란 독일어로 '어두운 바람의 침체'를 의미하는데 풍력·태양광 에너지가 부족해 전력 생산량이 눈에 띄게 낮아지는 기간을 지칭하는 용어로, 주로 겨울철에 발생한다. 이 기간에는 바람이 없고, 햇빛도 부족해 풍력과 태양광 시설은 무용지물이 되고 만다. [그

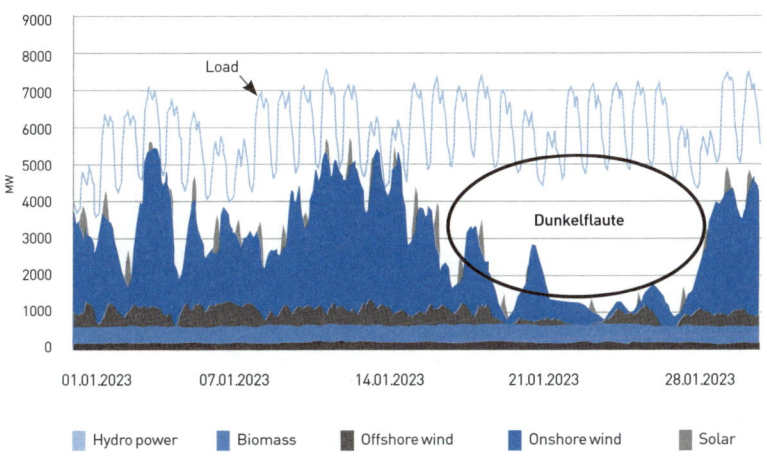

[그림 3-2] 둥켈플라우테(Dunkelflaute) 사태

림 3-2]에서 보면 특정 시기에 갑자기 풍력과 태양광 발전량이 급감하고 있는데 이것이 바로 둥켈플라우테 사태이다.

러시아-우크라이나 전쟁의 여파로 러시아산 천연가스의 수입량이 줄어든 상황에서, 지난해 독일에서는 풍력과 태양광 발전량이 급격히 감소하면서 전력 가격이 폭등하였다. 2024년 11월 초순, 둥켈플라우테 사태가 발생하자 화석 연료 발전소를 급격히 가동하면서 전기 가격은 도매가 기준으로 MWh당 €936까지 치솟았다. 이는 18년 만에 최고치였고 독일 평상시 전력요금의 10배 수준이었다. 독일 정부가 석탄발전소를 단계적으로 폐지하는 가운데, 마지막으로 남아 있던 원자력 발전소 3개가

2023년 완전히 폐쇄되면서 기저부하(base load) 전력 공급능력이 바닥난 것이 사태의 근본 원인으로 지목되었다. 이 사태 이후로 독일에서는 백업(back-up) 전원으로 가스(LNG)발전소 신설을 요구하는 목소리가 커지고 있다. 갑작스러운 전력 유입량 감소는 전력 공급의 불안정으로 인한 가격급등 문제뿐만 아니라 전력망 자체에도 심각한 폐해를 끼칠 수 있다는 문제도 있다.

우리도 이런 점을 고려해 에너지 정책을 수립할 필요가 있다. 한국의 경우 에너지 자원이 부족하고 산업의 전력 의존도가 높아서 재생에너지의 간헐성과 출력 변동성을 보완할 안정적 기저 전원 확보가 불가피하다. 탄소중립을 추진하면서도 원자력 등 안정적이고 저탄소인 전원의 병행이 불가피한 이유다. 이러한 한국적 특성을 고려해서 원자력발전과 에너지저장장치(ESS)를 포함한 다각적인 에너지 믹스를 추진할 필요가 있다. 원자력 발전소는 기저 전원으로서 안정적인 전력을 공급하는 가운데 ESS와 백업전원인 LNG 발전소로 하여금 재생에너지의 간헐성을 보완하는 임무를 수행하도록 할 필요가 있다.

에너지 고속도로

산업화 시대에 국가 발전의 핵심이 도로와 철도였다면, 디지털·저탄소 시대에는 전력망이 가장 중요한 인프라가 되었다. 최근 주목받고 있는 RE100, 2050 탄소중립 정책과 더불어 반도체, 데이터센터, 수소 산업 등이 급성장하면서 전력 수요가 폭증하고 있다. 이들 산업은 모두 대량의 전력을 필요로 한다는 점에서 안정적인 전력 공급망 확보가 성장의 핵심 요소가 되었다. 이제는 '전기를 얼마나 많이 생산하느냐'보다 '전기를 얼마나 빠르고 효율적으로 공급하느냐'가 더 중요한 시대가 되었다. 1970년 경부고속도로 개통과 2000년대 초 인터넷 인프라 구축이 우리나라의 사람과 물류, 경제 흐름을 바꾸었듯이, 에너지 고속도로는 앞으로 대한민국의 산업 지도와 에너지 흐름, 그리고 지방경제의 운명을 좌우할 중요한 인프라이다.

그런데 현재 우리나라는 전력 생산지와 소비지 간의 불균형이 매우 심각한 상황에 처했다. 소위 지산지소(地産地消) 문제라고 불리는 지역별 전력 자급률의 불균형 문제이다. 자급률은 지역 소비량을 해당 지역 공급량으로 나누어 구하는 수치다. 산식의 원리상 자급률은 100% 내외의 값이 이상적인데, 전국 전력 소비량(판매량 기준)의 약 40%를 차지하는 수도권의 자급률은 65%에 불과하고, 서울의 경우 10% 수준에 그치고 있다. 반면에 충청·인천·호남의 경우 자급률이 100%를 초과한다. 구체적으로 충청권 자급률은 123%, 호남권은 131%이고 인천광역시도

180% 내외 수준이다. 비판론자들은 서울과 수도권의 낮은 자립률은 자립률 100%를 넘어서는 다른 지역민을 사실상 희생시키고 있다고 말한다.

구분	수도권	강원권	충청권	영남권	호남권
발전량(TWh)	144.4 (24%)	26.0 (4%)	113.4 (19%)	218.5 (37%)	93.1 (16%)
판매량(TWh)	219.6 (40%)	16.6 (3%)	91.9 (17%)	150.8 (27%)	70.7 (13%)
자급률	0.65	1.56	1.23	1.44	1.31
	수요집중	발전집중			

[표 3-3] 2024년 권역별 에너지 자급률(발전량/판매량)
자료: 한국전력

이러한 자립률 불균형은 앞으로 더 심해질 전망이다. 막대한 전력이 필요한 반도체 공장과 AI 데이터센터 등 미래 성장 산업이 수도권에 집중될 가능성이 높기 때문이다. 이들 산업이 만들어 낼 일자리 또한 수도권 지역에 집중될 공산도 커서 전력 자립률에서 촉발될 소위 수도권 대 비수도권 간 불균형발전에 대한 논의를 더 악화시킬 소지가 크다.

서울 등 수도권 지역이 물먹는 하마처럼 전력을 과다하게 소모하는 게 문제라면, 호남권의 경우 전력 수요량보다 발전량이 과도하게 많아서, 생산된 전력을 다른 지역으로 보내기 위한 송전망 확충이 절실한 문제이다. 호남권은 전력 수요량(6GW)에 비해 재생에너지 발전 가능량이 압도적으로 많다. 현재 재생에너지 발전 가능량이 14GW이며, 한국전력에 따르면 2033년까지 52GW까지 증가할 것으로 예상된다고 한다. 문제는 발전설비가 완공되었지만, 생산된 전력을 다른 지역으로 보낼 송전망이 부족하다는 점이다. 발전설비가 이미 완공되었음에도 불구하고 전력망이 설치되지 못해서 호남지역에서 생산된 전기를 역외 지역으로 흘려보내지 못하는 '병목 현상'이 반복되고 있다.

재생에너지의 확보가 더욱 절실해지고 있는 상황에서 재생에너지 발전원이 풍부한 서남해 쪽에 해상풍력 등을 건설하더라도 수도권 산업지대로 전력을 보낼 길(송전 인프라)이 모자라면 재생에너지 부족의 문제는 해결하기가 어렵다. 송전망 건설이 계속해서 지연된다면 호남권 재생에너지의 추가 접속은 예정된 2031년을 훨씬 더 지나 2030년대 중반이나 되어야 가능할 것 같다는 것이 전문가들의 이야기이다.

이 때문에 초래되는 문제들은 다양한데, 발전제약 및 그로 인해 발생하는 불필요한 비용 등이 첫 번째 부류이다. 두 번째는 비효율적인 전력 공급으로 인해 한국경제 전반적인 산업전환 기회 상실, 생산성 둔화 그리고 세계 시장에서의 기업 경쟁력이 저하된다는 사실이다. 전력 공급지와 수요지 간 불일치로 인해 2024년 8월 현재 호남지역 164개 변전소는 출력제어 최소화를 위해 계통관리변전소로 운영되고 있으며, 신규 재생에너지의 접속 시기는 2032년 1월 이후로 연기된 상태이다. 이런 송전망 문제는 서해안 발전설비(3.2GW 규모)뿐만 아니라 동해안 지역에서도 동일하게 발생하고 있다. 이 결과로 동해안의 7GW 발전소는 아직 가동조차 못 하고 잠들어 있다.

문제의 시급성에도 불구하고 전력망 확충이 쉽게 해결되지 못하는 이유는 이것이 단순한 기술 사업이 아니고, 복합적인 이해관계들이 얽혀 있는 일이기 때문이다. 현장에서는 주민으로부터 수용성 확보의 어려움, 복잡하게 얽힌 여러 부처 간 협의 과정상의 난항, 이로 인한 관련 인·허가의 지연 등과 같은 다양한 사유들로 인해 지난 수년간 전력망 구축은 제대로 속도 한 번 내보지 못했다. 송전로 건설에 대한 주민 반대와 인허가 지연으로 인해 전국의 주요 송전선로 31곳 중 26곳의 건설이 지연되고 있는 상황이다.[27] 송전선로 건설을 놓고 벌어지는 지역주민과의 대치와 송배전망 병목 현상은 한국뿐만 아니라 다른 주요 선진국에서도 발생하는 현상이다. 2023년 10월 국제에너지기구(IEA)는 보고서를 통해 "전력망 투자가 원활히 이뤄지지 않으면 탄소중립을 위한 재생에너지 확대 목표가 크게 후퇴하고 정전이 늘어 경제와 개인 복지에 악영향을 줄 것"이라고 견해를 밝히기도 하였다.

송배전망의 병목은 에너지 자원(발전소) 활용의 낭비일 뿐만 아니라 국가 전체 차원에서 볼 때 에너지 소비의 비효율성도 초래한다. 특히 첨단 산업단지에 대한 전력 공급이 불안정해질 경우 해당 산업은 물론 국가 경제 전반에도 타격을 입히게 된다. 따라서 에너지 고속도로 건설은 재생에너지 확대를 위한 기반 인프라 구축일 뿐만 아니라 수도권과 비수도권 간 자급률 불균형, 그로 인한 에너지 전달 체계상의 교통체증 해소에 꼭 필요한 과제이다. 현재 한국전력은 일부 발전설비를 쉬게 하는 방법으로 대응하고 있지만, 전문가들 사이에선 "전력 공급의 안정성을 떨어뜨릴 수 있다"는 우려가 여전하다.

이러한 송전로 병목 현상을 근본적으로 해소하고, 전력망 구축을 전략적으로 추진하기 위한 제도적 전환점이 바로 '국가기간 전력망 확충 특별법'이다. 이 특별법은 전력망을 국가의 기간 인프라로 인정하고 인허가 통합, 사업 총괄 조정, 갈등 사전 예방 등 일련의 절차들을 명문화함으로써, 전력망 산업과 관련되어 국가 주도의 체계적인 정책 추진이 가능하도록 설계되었다.

에너지 고속도로가 재생에너지 주 생산지의 일방적인 희생을 더 확대시킬 것이라고만 볼 필요는 없다. 에너지 고속도로는 양방향 송전기술을 통해 재생에너지 생산지의 간헐성 문제를 해결할 수 있기 때문이다. 앞서 서술했듯이 재생에너지는 '간헐성'이라는 치명적인 약점을 가지고 있다. 그리고 이 약점을 보완할 중요한 인프라 중 하나가 양방향 송전망 확충이다.

장마철인 6월~8월 기간을 생각해 보자. 장마 구름이 하늘을 뒤덮는 2~3달 동안 태양광 발전량은 급속히 줄어들게 된다. 후덥지근한 여름에 바람마저 고요해져서 풍력발전소마저 멈춰 버리면 국가 차원에서는 전력공급에 큰 구멍이 생기게 된다. 이것이 바로 재생에너지의 간헐성 문제이다. 간헐성 문제는 한국에서 더 심각할 수 있다. 미국이나 중국처럼 넓은 영토를 보유한 국가의 경우 어느 한 지역에서 장마가 발생하더라도 다른 지역에서는 동 시간대에 태양광 발전이 가능하고, 여기서 생산된 전력을 다른 지역에서도 구매해서 사용할 수 있다. 그러나 우리나라처럼 국토가 좁고 지형 제약이 큰 나라에서는 이러한 발전 지역의 분산 효과마저도 기대할 수 없기 때문에 간헐성의 문제가 더 크게 나타난다.

양방향 송전망은 단순히 '에너지를 보내는 길'로만 사용되는 것이 아니라, 부족해지면 '에너지를 받는 길'로도 기능하게 된다. 평소라면 전력 공급에 대한 우려가 전혀 없는 호남 지역이더라도 장마철이 시작되거나 구름이 햇빛을 가리는 경우 수도권이나 동해안 지역에서 생산된 전력을 공급받아야 할 것이다. 전력 수요자에게 햇빛이 없다는 이유로 필요한 전기 사용을 멈추라고 할 수 없기 때문이다. 이처럼 에너지 고속도로는 초과 생산된 에너지를 수도권으로 보내는 운송로 역할뿐만 아니라 평상시에는 전력 생산지이더라도 지역 내에서 발생하는 전력 수요량 만큼도 공급하지 못하는 특정 시기에는 다른 곳으로부터 전력을 공급받는 통로로서의 역할도 할 수 있다. 결국 송전망이 각 지역에 대해서 양방향 순환 체계를 가능하게 하는 전력운송의 '길'이 되어야만 국가 차원에서 볼 때 에너지의 효율적 사용이 가능해진다.

참고로 우리 정부는 에너지 고속도로 구축과 관련해서는 다음과 같은 단계별 계획을 가지고 있다. 즉, 1단계로 2030년까지 서해안 에너지 고속도로를 건설하고, 2단계로 2040년까지 한반도 'U'자형(인천앞바다~서남해~남해안~경북동해안) 해상 전력망을 건설하려는 계획이다. 이를 위해서는 향후 15년간 약 73조 원의 투자가 필요할 것으로 예상된다.

정부가 생각하는 에너지 고속도로 건설의 핵심 기술은 고전압직류송전(HVDC, High Voltage Direct Current) 방식이다. 이 기술은 유럽과 미국에서 친환경 송전 인프라로 각광받고 있다. 교류 송전 방식과 비교해 HVDC 방식은 전력 손실이 적은 직류 송전 방식이어서 장거리 송전에 유리하고, 지중화와 해저 케이

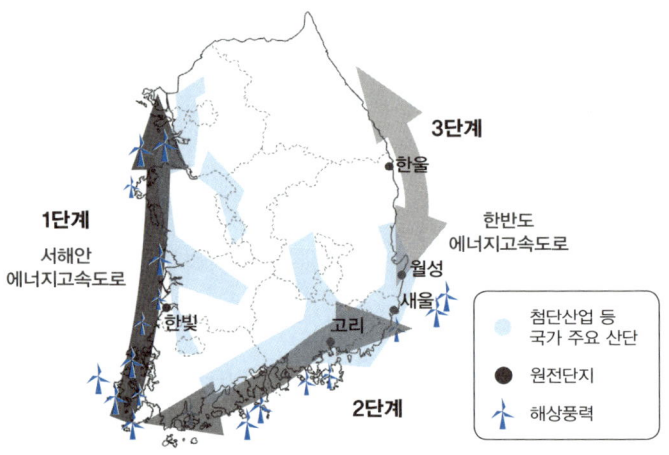

[그림 3-3] 서해안 에너지 고속도로

자료: 민주연구원, 에너지 고속도로 10문 10답

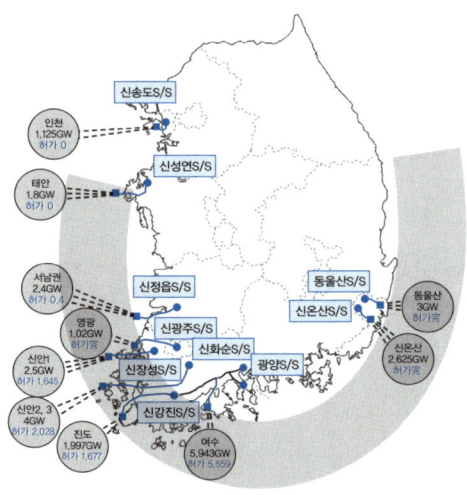

[그림 3-4] U자형 해상 전력망

자료: 민주연구원, 에너지 고속도로 10문 10답

블 설치가 가능해서 지상 송전탑 건설을 두고 초래되는 지역주민들의 민원을 사전에 차단할 수 있다는 점이 장점으로 꼽히고 있다. 국내에 HVDC 송전망이 설치된 사례도 있는데, 북당진-고덕 간 송전망은 국내 최초의 육상 HVDC 사례이고 2024년 말 구축된 완도-제주 간 해저 케이블은 국내 최초의 전압형 HVDC 해저 케이블 사업이다.

정부는 이러한 HVDC 기술을 활용해 2030년까지 서해안 지역에서 수도권으로 연결되는 에너지 고속도로를 완공하여 서해안에서 생산되는 풍부한 재생에너지를 안정적으로 수도권과 주요 산업단지로 공급할 계획이다. 또한 2040년까지는 한반도를 해안선으로 둘러싸는 U자형 HVDC 송전망을 구축할 계획이다. 에너지 고속도로 계획이 예정대로 실행된다면 재생에너지 공급의 안정성이 높아질 뿐만 아니라 지역 간 균형 발전 효과도 기대해 볼 수 있다. 다만 이 계획이 큰 마찰 없이 진척되려면 과감한 투자와 국민적 공감대 형성이 필요하다.

관련해서 일부에서는 에너지 고속도로 대신에 ESS(Energy Storage System)를 활용하는 방안을 대안으로 제시하기도 한다. 재생에너지가 과잉 공급되는 시간에는 배터리 ESS에 충전해 두었다가 그 반대 시간대에는 ESS를 방전시키면서 전력을 공급받는 방식으로 간헐성 문제에 대응할 수 있기 때문이다. 태양광을

예로 들면 전력공급이 수요량을 초과하는 낮에는 에너지 고속도로를 이용해 타 지역으로 초과공급분을 송전하는 방법도 있지만, ESS 배터리에 초과 공급된 태양광 전력을 충전해 두었다가 밤중에 ESS 배터리의 전력을 사용할 수도 있다는 것이다. 그런데 ESS는 배터리 구입가격 등 초기 설치 비용이 너무 높고 수명이 아무리 길어도 15년에 불과해 주기적인 교체가 필요하다. 또한 345kV 송전선로의 용량(capacity)을 초과할 수준으로 생산되는 전력을 저장할 장소로는 축구장 약 125배 규모의 부지가 필요하다는 것도 문제점으로 지적되고 있다. 전력수요 집중지라는 수도권에서는 이 정도 넓이의 부지를 확보하는 것 자체가 불가능하다.

반면에 송전망은 한번 구축하면 반영구적이어서 ESS보다 경제성 면에서는 월등히 앞선다. 현재 단가로는 1GW(장주기 6시간 기준)의 배터리 ESS 건설에 약 2.8조 원이 소요된다고 한다. ESS의 대체재인 섹터커플링(P2X, Power-to-X) 기술도 에너지 변환 과정에서 손실이 많이 발생하기 때문에, ESS와 마찬가지로 아직까지는 경제성 확보가 어렵고 대규모 인프라 구축도 필요한 것으로 알려져 있다. 결국 아직은 효율성 측면에 에너지 고속도로가 크게 우월하다고 할 수 있다.

에너지 고속도로와 병행할 정책

재생에너지 생산은 서남해 등 지방에 집중되어 있고, 전력 수요는 수도권에 몰려 있다. 이런 상황에서 우리가 해결해야 할 최우선 과제는 에너지 전송로의 속도를 높여 '교통체증'을 해소하는 것이다. 하지만 이것만으로는 모든 문제를 해결할 수는 없다. 에너지 고속도로가 아무리 잘 구축되어 있더라도 과부하가 걸리면 또 다른 문제가 생길 것이기 때문이다. 결국 에너지 고속도로의 안정성을 뒷받침할 보완책도 함께 구비되어야 한다.

첫 번째 보완책은 지역분산형 전원체계를 구축하는 것이다. 생산된 전력을 무조건 수도권으로 보내는 데만 집중할 것이 아니라, 생산된 지역에서 소비하는 '자립형 에너지 생태계'를 만드는 것이 필요하다. 전라북도 고창군, 충청남도 홍성군, 전라남도 신안군에서 시범 운영 중인 지역에너지 자립마을과 RE100 산단이 그 출발점이 될 수 있다. 전북 고창은 2024년 하반기부터 5개 '에너지 자립마을'을 선정했다. 이 마을들은 주택 지붕에 설치한 태양광 발전으로 매달 15~30만 원을 마을 공용기금에 적립하고 있다. 에너지 자립마을이 되려면 태양광 같은 발전 시설뿐만 아니라 에너지저장시스템(ESS)과 전기차 충전소를 결합해 자체 전력망을 구축해야 한다. 2025년 말까지는 총 10여 개 마을

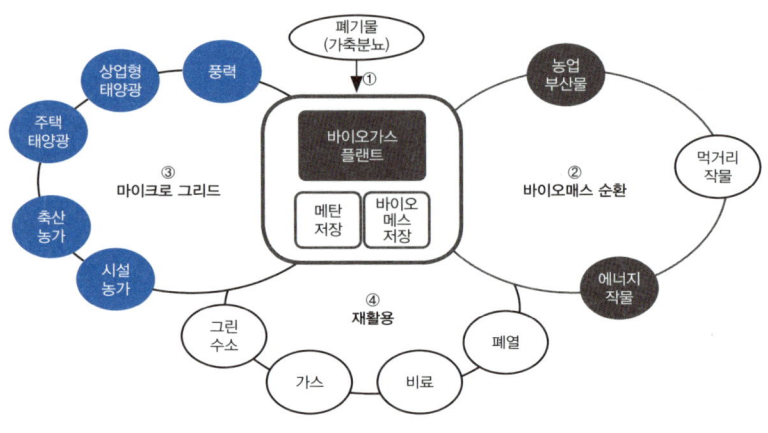

[그림 3-5] **바이오에너지 자립마을 사례**

에 약 200kW 규모의 설비를 추가로 설치할 계획이다. 또 충남 홍성의 원천마을은 2016년부터 가축분뇨를 활용한 바이오에너지와 태양광·지열 설비로 가구에서 사용할 전기를 공급해 오고 있다.

해외에서는 독일의 펠트하임이 에너지 자립마을의 성공 사례로 꼽힌다. 37가구 150명의 주민이 사는 펠트하임은 풍력발전기, 태양광 단지, 농가의 돼지 분뇨에서 전기와 열을 생산한다. 이렇게 생산한 에너지 중 1%만 자체 소비하고 99%는 판매해 수익을 창출한다. 또한 폐목재에서 나온 우드칩을 태우는 바이오매스 시설과 열병합발전소로 마을 전체에 난방과 온수를 공급한다.

다음은 RE100 산업단지이다. RE100(Renewable Electricity 100%)은 기업이 사용하는 전력의 100%를 태양광, 풍력 등 재생에너지(RE)로 충당하겠다는 목표다. RE100 산단은 이 목표를 달성하기 위해 산단 입주 기업들에게 공급하는 전력을 100% 재생에너지로 조달하는 산업단지다. 그런데 이 '100%'를 충족하는 방식은 두 가지가 있다. 하나는 외부에서 생산된 재생에너지 전력을 구매해서 제공하는 방식이고, 다른 하나는 산업단지 내부에 태양광·풍력 등을 직접 설치해 자체적으로 전력을 생산하는 방식이다.

앞서 살펴본 에너지 자립마을 사례가 산단에 적용된 경우가 바로 'RE100 산단'이다. 산단 내 유휴부지, 공장 지붕, 물류창고 옥상까지 햇빛이 닿는 모든 공간을 발전소로 바꾸는 방식이다. 다만 이런 자급자족 방식의 RE100 산단은 재생에너지의 간헐성을 극복하기 위해 ESS 같은 에너지 저장장치와 전력망 확충을 위한 대규모 투자가 필요하다. 다음 표에서 보듯이 우리나라는 아직 재생에너지 사용 비중이 낮아 RE100 가입 기업이 많지 않다.

국내에서는 전라남도 해남의 '솔라시도'가 그 실험장이다. 태양광 에너지가 풍부한 솔라시도에는 최근 대규모 데이터센터 유치가 추진되어 관심이 쏠리고 있다. 데이터센터 사업자는 미

국가	RE100 가입 기업	재생에너지 비중
한국	36개	약 24%
미국	약 98개	약 59%
유럽	약 127개	약 60%

[표 3-4] RE100 가입 기업과 재생에너지 사용 비중(2024년 기준)
자료: 에너지경제연구원, 「국제 RE100 동향과 단기 전망」; 대외경제정책연구원,
「2024 미 대선 이후 재생에너지 정책 전망과 시사점」

 국의 투자사 퍼힐스(FIR HILLS)로, 120만 평에 2028년까지 7조 원, 2030년까지 8조 원을 추가로 투자해 총 15조 원을 들여 3GW 이상의 'AI 슈퍼클러스터 허브'를 조성할 계획이다.

 데이터센터는 서버 컴퓨터와 네트워크 회선 등 필수 시설로 인해 전력 소모가 많아 '전기 먹는 하마'로 불린다. 전력이 24시간 안정적으로 공급되어야 하고, 시스템 안정화를 위한 냉각 시스템도 필요해 대규모 전력 공급이 필수다. 전라남도 해남의 솔라시도는 태양광 등 재생에너지원이 풍부하고 영산강 용수를 냉각수로 활용할 수 있다는 점이 고려되어 미국 투자사가 데이터센터 부지로 선택하기도 했다.

 강원도 삼척, 충남 보령 등지에서도 RE100 산단 유치 경쟁이 벌어지고 있다. 이러한 산업단지는 탄소중립 달성의 수단일

뿐만 아니라 일자리 창출과 제조업 부흥을 통해 지역 경제 발전의 거점이 될 수 있다. RE100 산단과 에너지 자립마을처럼 수요지 인근에서 생산되는 재생에너지를 분산형 에너지 체계로 해당 지역에 공급하면 지역 내 에너지 자립도를 높일 뿐만 아니라 국가 차원에서 에너지 고속도로 같은 기간 전력망의 부담을 줄이는 효과도 있기 때문이다.

지역분산형 에너지 체계의 효율성을 높이려면 다수의 소규모 분산전원(태양광, ESS, V2G 등)을 묶어 통합발전소(VPP)를 구축하는 방식으로 지역의 에너지 거점을 확보하는 것이 바람직하다. 간헐성 문제 해결을 위해서는 ESS를 비롯해 그린수소 등과의 연계도 추진해 볼 수 있다. 그리고 소규모 분산에너지의 전력시장 참여를 유도하기 위한 제도 개선도 필요하다. 재생에너지 직접구매(PPA) 개선과 더불어 태양광 이격거리 규제 개선을 위한 주민 이익공유제와 지자체 인센티브 확대도 도움이 될 것이다.

에너지 고속도로와 병행해 추진해야 할 두 번째 정책은 기존 산업의 체질 개선을 통한 탄소중립 달성이고, 저탄소 공정기술 도입이 그 첫걸음이다. 국내 주력 산업인 철강, 석유화학, 조선, 시멘트 등은 막대한 온실가스를 배출하는 업종들이다. 국제적으로도 '탄소 다배출 업종(high-emission sectors)'으로 분류되어 국제 환경 규제의 주요 대상이 되고 있다. 현재 한국경제에서 큰 비중을 차지하고 있는 이들 산업의 경쟁력과 지속성을 높이려면 '저탄소 공정기술(low-carbon process technologies)'을 도입해 생산 과정에서 나오는 탄소 배출량을 줄이는 방안을 모색해야 한다.

예를 들어 철강 산업의 경우 현재 사용하는 석탄 대신 수소를 사용하는 '수소환원제철(hydrogen-based steel making)' 기술 도입을 검토할 수 있다. 석유화학 산업은 나프타 분해 과정에서 발생하는 온실가스를 줄이기 위해 '열분해 최적화 기술'을 적용하고 있다. 조선산업은 기존의 중유 기반 선박 대신 암모니아, 수소, 전기 기반의 친환경 선박으로 전환을 시도하고 있다.

이런 기술들은 단순한 기후에너지 전환에 대한 대응을 넘어 신성장 산업으로 발전할 가능성이 높다. 따라서 국가 차원에서 R&D 투자를 늘리고, 중소·중견기업이 이런 기술 변화에 뒤처지지 않도록 맞춤형 지원과 기술 이전을 촉진하는 것이 중요하다. 이러한 맥락에서 앞으로는 산업 R&D 지원체계를 탄소중립형으로 전환하고, 중소·중견기업의 탄소중립 기술혁신, 친환경 공정(工程), 시설 전환 등에 대한 지원을 강화해야 한다. 이 밖에 탄소중립 신기술·신산업 역량 강화 과제로는 CCUS(탄소포집·활용·저장) 등 탄소중립 기술 개발, 그린모빌리티로의 전환, 석유 기반 선박·건설기계·농기계의 전동화 추진, 산업부문 순환경제를 통한 탄소중립 촉진 등이 있다. 또한 수소 전주기 산업 생태계를 구축하고, 에너지 산업 융복합단지(6곳 지정)를 친환경화하는 방식으로 지역별 에너지 신산업 성장 거점을 육성할 필요가 있다.

에너지 고속도로 구축에서 반드시 필요한 것이 지역주민과의 상생이다. 송전로 건설 담당자들은 전봇대 하나, 철탑 하나 세우는 데 걸리는 시간보다 지역 주민의 동의를 얻는 데 소요되는 시간이 더 길다고 한다. 풍력단지 설치에 대한 지역 주민과 어민들의 반발, 한국전력 송전선 경과지 주민들의 환경 침해, 재산권 침해 등을 이유로 벌어지는 집단 소송이 그 예다. 결국 지역 주민의 동의 없이는 에너지 전환 정책을 실현할 수 없다.

지역주민의 동의를 확보할 수 있는 좋은 방법 중 하나는 '주민 이익공유제'다. 독일에서는 주민 수용성을 확보하기 위해 태양광 발전 수익의 일부를 마을 주민에게 '현금 배당'하거나 에너지 협동조합 지분을 제공한다. 우리나라에서는 신안군의 햇빛연금이 이를 벤치마킹한 사례다. 신안군의 햇빛연금은 지역 자원인 태양광과 풍력을 이용한 발전 수익으로 주민들의 복지 혜택을 제공하는 것은 물론 인구 감소 문제까지 해결한 사례로 꼽힌다. 신안군은 2018년 '신재생에너지 개발이익 공유 등에 관한 조례'를 만들어 재생에너지 발전소 건립 시 주민들의 지분 참여를 보장하고, 순이익의 30%를 주민에게 배당하도록 했다. 주민은 조합비를 내고 협동조합에 가입하면 이익 배당을 받을 수 있다. 햇빛연금 지급을 계기로 인구 소멸 고위험 지역이던 신안군의 인구는 다시 늘기 시작했다.

마지막으로 관련 공급망 생태계를 구축할 필요가 있다. 태양광과 풍력 발전을 위해서는 소부장 공급망 생태계 구축과 해상풍력 선박 시장 활성화 등 관련 산업이 동반성장 해야 한다. 부유식 해상풍력 실증단지와 핵심 부품 국산화 R&D 등으로 기술력과 인력을 확보하고, 저탄소 태양광의 국내 제조 기반도 강화해야 한다.

한편 태양광·풍력 같은 인버터 기반 직류(DC) 전원이 빠르게 확대될 경우에는 실시간 전력수급 예측이 어려워지고 정지와 출력제어가 반복되는 등 전력망 불안정이 초래될 수 있다. 이를 해소하기 위한 전력망 구조 전환과 계통 유연성 확보를 위한 설비 투자 확대도 함께 이루어져야 한다.

거버넌스와 법제도 정비

에너지 전환의 마지막 열쇠는 정부 거버넌스를 포함한 제도 정비이다. 아무리 좋은 기술과 정책이 있어도 이를 실현할 체계가 없다면 무용지물이 될 가능성이 크기 때문이다. 한 사람이 밀어붙인다고 정책이 실현되는 것은 아니다. 공동체가 함께 이해하고 참여해야 정책의 지속성이 담보된다. 이런 관점에서 기후에너지부 신설, 정의로운 전환, 사회적 합의의 세 가지를 거버넌스 및 법제도 정비의 주요 방향으로 제안한다.

현재 한국의 에너지·기후 정책은 산업부, 환경부, 국토부, 과기정통부, 농식품부 등 여러 부처에 분산되어 있다. 이로 인해 책임 소재가 모호하고, 정책 추진 속도가 느려지거나 정책 간 충돌이 발생한다. 예를 들어, 재생에너지 사업 추진이 산림청의 개발 제한 규정에 가로막히는 사례가 대표적이다. 이런 문제 때문에 정치권과 전문가들 사이에서는 '기후에너지부' 신설 요구가 제기되고 있다. 해외 주요국의 경우 미국은 에너지부(DOE), 독일은 경제기후보호부(BMWK), 영국은 에너지안보넷제로부(DESNZ) 등 전담부처를 운영하고 있다. 기후에너지부 신설 요구는 단순한 부처 간판 바꾸기가 아니라 에너지 전환과 관련해서 정부 차원에서 통합된 전략과 명확한 책임 구조, 일관된 로드맵을 가지고 움직여야 한다는 당위성을 반영한다.

에너지 전환 정책을 추진할 때 반드시 염두에 두어야 하는 것은 '정의로운 전환(just transition)'의 필요성이다. 에너지 전환은 산업구조의 재편, 일자리의 이동, 사양산업의 발생, 지역 간 불균형 등 여러 측면에서 사회에 큰 충격을 가한다. 전환의 파고가 큰 만큼 그 과정에서 필연적으로 발생하게 되는 소외 계층이나 지역을 위한 정의로운 전환이 제도화되지 않는다면 사회적 저항은 더 격렬해질 수밖에 없다. 탄소중립법(기후위기 대응을 위한 탄소중립·녹색성장 기본법)에서는 탄소중립 사회로 이행하는 과정에서 직·간접적 피해를 입을 수 있는 지역이나 산업의 노동자, 농민, 중소상공인 등을 보호하고 이행 과정에서 발생하는 비용을 분담하자는 정의로운 전환의 취지가 문구로 반영되어 있다.

마지막으로 필요한 것은 정책 신뢰의 회복이다. 잦은 정책 변경과 지역 갈등은 궁극적으로 에너지 전환에 대한 대응 속도를 늦출 것이기 때문이다. 이를 위해 지역주민의 수용성 확보를 위한 전담기구 설립, 에너지 사업 관련 환경·경제성 분석 결과의 공개, 그리고 분쟁조정 메커니즘이 병행되어야 한다. '전국을 에너지 고속도로로 연결하는' 시대는 그 고속도로가 지나가는 모든 마을이 함께해야 할 것이기 때문이다. 정책을 추진하는 과정에서는 공청회, 갈등조정기구, 참여형 포럼 등 다양한 사회적 합의의 장도 제공되어야 한다. 재생에너지 확대와 송전망 건설처럼 민감한 사안일수록 '투명성'과 '참여'가 핵심이 되기 때문이다.

새로운 정부는 앞에서 살펴본 재생에너지 확충, 분산형 에너지체계, 에너지 고속도로, 관련 생태계 조성 등에 대한 체계적인 로드맵을 구축해야 한다. 거버넌스를 포함한 제도개혁이 필요했던 이유이기도 하다. 이 로드맵에 구체적인 수치, 목표 연도, 중간 점검 기준이 명시된 계획이 제시되어야 기업과 주민들도 신뢰하고 미래를 준비할 수 있다.

산업 업그레이드

2025년 현재 한국의 핵심 제조업들은 심각한 위기에 처해 있다. 중국 기업들이 주도하는 글로벌 공급과잉과 원자재 가격 불안정으로 인해 가격경쟁력과 수익성이 크게 악화되고 있기 때문이다. 이러한 상황을 극복하고 새로운 부가가치를 창출하기 위해서는 산업의 고도화와 첨단기술 융합이 필수적이다. 현재 한국 제조업이 당면한 주요 과제는 다음과 같다. 첫째, 산업구조 개편을 통한 석유화학, 철강 등 전통 산업의 당면 위기 극복이다. 둘째, 반도체, 조선업 등 경쟁력 있는 분야의 기술적 우위 유지이다. 셋째, 제조 AI 등 산업별 AI 융복합(AI-X)을 통한 경쟁력 강화이다.

수십 년간 대한민국 경제의 구심점 역할을 담당해 온 석유화학·철강 산업부터 미래 먹거리 산업인 배터리 산업까지 위기감이 전방위적으로 확산되고 있다. 국내 철강·석유화학 기업들은 중국 기업들의 공세를 버티지 못하고 일부 공장의 가동을 중단하는 등 심각한 상황에 부딪혀 있다. 특히 석유화학 산업의 경우 지난 5년간 전 세계 나프타 분해설비 신·증설의 56%가 중국에서 이루어졌을 정도로 중국의 공급량 확대는 가히 '공포스러운' 수준이다. 공장 가동을 중단하기 어려운 경우 수요 감소에도 불구하고 생산을 계속할 수밖에 없고 그 결과 재고만 쌓이고 있다. 여기에 중국뿐만 아니라 인도의 공급량 증가까지 겹치면서 업계 전체의 구조조정이 불가피한 상황이다.

	과거 (2002~2011)	최근 (2023년 3분기)	변화 내용
에틸렌-납사 스프레드	평균 379달러/톤	137달러/톤 (9월 기준)	약 64% 감소, 손익분기점 (약 300달러) 하회

[표 3–5] 석유화학 산업 경쟁력 저하

자료: 대신증권 리서치센터, 「화학 다르게 접근해야 할 때 Neutral」 (2023년 7월)

철강 산업 역시 중국 기업들의 공세를 견디지 못하고 있다. 포스코는 2024년 11월부터 연이어 공장 폐쇄를 발표했으며, 특히 45년간 가동되어 온 포항제철소 1선재공장 폐쇄는 업계 전반에 충격을 주었다. 과거 세계 최고 수준의 경쟁력을 자랑했던 한국 철강은 이제 중국산에 밀려 공장 가동을 중단하는 것으로 손실을 줄이는 현실을 맞게 되었다. 공장 가동 중단으로 지역경제도 함께 무너지고 있다.

항목	과거 수치	최근 수치	변화 내용
조강생산량/점유율	5,840만톤/4.1% (2010년)	6,670만톤/3.5% (2023년)	0.6%p 하락
철강 제품 수출량	2,890만톤 (2013년)	2,734만톤 (2023년)	-6.6% 감소
대표기업 영업이익률	10%대 (2010년)	3.0%대 (2024년)	이익률 대폭 하락

[표 3-6] 철강 산업의 경쟁력 저하
자료: 한국철강협회, 「2023년 철강산업 동향」

중국과 인도가 주도하는 글로벌 공급과잉으로 판로를 잃은 석유화학, 철강 업계의 경우 위기지역 지정 등으로 선제적인 사업 재편을 지원할 필요가 있다. 석유화학, 철강, 조선업 등의 경우 글로벌 경쟁력을 높이려면 제품 및 공정 고도화와 기술융합이 필수적이고, 정부는 이에 필요한 원천기술 확보, 고부가가치화를 지원해야 할 것이다. 중장기적으로는 '(가칭)K-주력산업 발전비전 및 전략'을 산업별로 수립하고 이에 근거한 지원 체계를 마련할 필요가 있다.

탄소 다배출업종인 석유화학, 철강산업의 경우 향후 글로벌 경쟁력을 유지하려면 저탄소 전환과 친환경 기술 적용도 요구된다. 2030 탄소중립 이행계획에 따르면, 철강·석유화학 업계는 산업부문 감축량 목표의 절반 가까운 탄소배출량을 감축해야 한다. 따라서 이들 산업에 대해서는 고부가가치화·디지털화는 물론 친환경 연료 전환 등을 지원해 나가야 한다. 그리고 노후화된 산단에 대해서는 스마트·디지털화를 지원하고, 중소·중견기업의 탄소중립 기술혁신, 친환경 공정(工程), 시설전환 등에 대한 지원도 강화해 가야 할 것이다.

우리가 직면한 더 큰 문제는 중국발 한국 제조업의 위기가 석유화학과 철강산업에 국한되지 않는다는 것이다. 반도체와 더불어 미래 대한민국 산업의 중추가 될 것으로 기대했던 전기차 배터리, 디스플레이 등 다른 주력 제조업 시장도 녹록하지 않다는 게 현실이다. 미래 먹거리로 기대받았던 2차 전지는 최종재뿐만 아니라 관련 핵심 소재 부문도 위기를 맞고 있다. 예를 들어 전 세계 음극재 시장의 점유율 상위 10개 기업 중 유일한 한국 기업인 포스코퓨처엠이 3% 점유율로 9위에 겨우 이름을 올리고 있는 데 반해, 중국이 전 세계 음극재의 90% 이상을 공급하고 있다. 국내 배터리 소재 기업들의 위기는 국내 배터리 제조사와 전기차 제조 기업들에게까지 연쇄적으로 영향을 미칠 수 있다. 관련 업계에서는 향후 한국 배터리 생태계를 구성하는 소재·부품사들이 무너지면 '요소수 대란' 때 같은 공급망 위기가 다시 재현될 수도 있다는 우려의 목소리도 크다.

한국이 세계시장에서 1·2위를 점하고 있는 D램 시장에서도 중국 기업들의 물량 공세에 국내 기업들이 속수무책으로 당할 수 있다는 우려가 커지고 있다. 언론들은 "삼성전자의 최대 위협은 TSMC 아니라 SMIC다", "D램 공급확대에 이어 HBM 생산도 임박"이라는 제목으로 반도체 시장에서 커지는 중국의 위협을 보도하고 있다. 중국 기업들의 D램 제조 기술 수준은 아직 삼성전자와 SK하이닉스보다 2~4년 뒤처지고 있다고 알려져 있다. 중국의 반도체 기업들이 최신 기술을 도입하기 위한 연구개발에 매진하고 있지만, 고도화된 선단 제조 공정이나 미세공정 기술에서는 한국 기업들과 아직은 격차를 보인다고 한다. 하지만, 중국정부의 지원을 등에 업고 대규모 생산을 통해 가격을 대폭 낮춘다면, 국내 기업들은 가격 경쟁에서 밀릴 가능성이 농후하다. 나아가 기술력과 품질 경쟁력 유지도 어려울 수 있다는 전망까지 나오고 있다. 아직 첨단 D램에서는 중국과 한국 기업 간 다소간의 기술 격차가 있지만 중국 기업들이 구형(레거시)제품부터 빠르게 점유하는 방식으로 시장의 기반을 다진 뒤, 기술 역량을 축적해 첨단 D램 선단 공정까지 도약하려 한다는 분석도 있다.

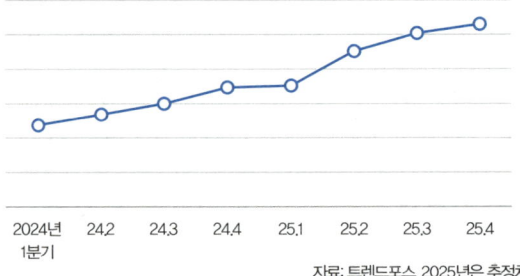

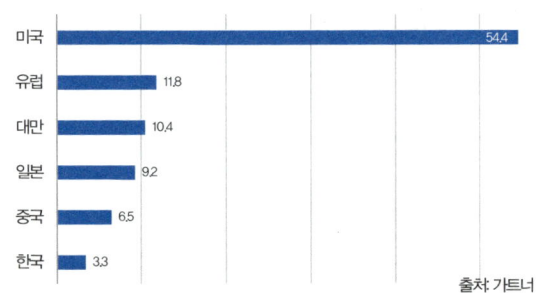

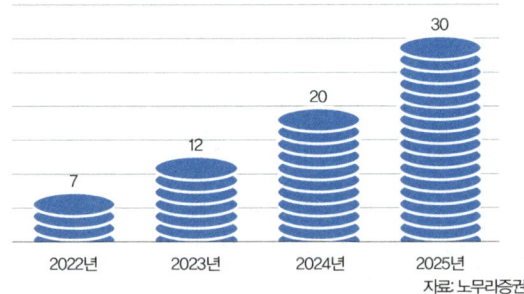

[그림 3-6] 글로벌 반도체 시장 현황
자료: 매일경제 [중국의 역습 ②] 반도체, 2025년 1월 15일 자

시장조사업체 트렌드포스는 중국의 물량 확대로 2026년도 D램 생산량이 2025년보다 25% 증가할 것으로 예상하기도 했다.[28]

시스템반도체 분야에서도 중화권 기업들이 급성장하고 있다. 시스템반도체는 데이터의 저장과 처리를 담당하는 메모리 반도체와 달리 데이터를 연산하고 제어하는 역할을 하는 반도체로, 고도의 설계 기술이 핵심 경쟁력이다. 시스템반도체 분야는 보통 설계를 전문으로 하는 팹리스와 제조를 담당하는 파운드리의 분업 체계가 이루어져 있다. 현재 전 세계 파운드리 시장의 3분의 2 이상을 대만의 TSMC가 점유하고 있는데, 중화권 반도체 기업들의 설계 능력도 빠르게 향상되고 있다고 알려진다.

지금 반도체 업계에서는 1나노(nano)미터 전쟁이 벌어지고 있다. 1나노 칩 경쟁에 불을 붙인 것은 엔비디아였다. 삼성전자가 300조 원, 하이닉스가 120조 원 각각 투자하는 경기도 용인 반도체 클러스터 구축 사업은 단순한 산업단지 조성이 아니다. 그들이 차지하고 있는 메모리 반도체 시장에서의 최상위권 지위에도 불구하고 TSMC를 위시한 중화권 기업들과의 혈전에 대비하기 위한 삼성전자와 SK하이닉스의 생존책으로 보는 것이 적절하다. 따라서 정부와 기업이 협력해서 반도체 클러스터를 신속하게 완공하고, 남부경기 지역에 완성형 첨단 반도체 생태계를 조성할 필요가 있다. 현재 2~4년의 격차로 중국기업보다 앞섰다고는 하지만, 서두르지 않으면 초격차는 단지 과거의 이야기로 끝날 공산이 높다. 정부도 반도체 특별법을 제정하고, 국내에서 생산·판매되는 반도체에 대해 생산세액 공제를 도입하며, 반도체 기업의 국내 유턴을 지원하는 등의 정책으로 공급망 생태계 강화를 지원해야 할 것이다. 또한 시스템반도체·파운드리(위탁생산) 부문까지 R&D 지원을 확대하고 반도체 대학원 등 고급 인재 양성을 위한 인프라를 조기에 구축할 필요가 있다. 그리고 반도체·이차전지 등 첨단전략산업의 글로벌 기술경쟁력 강화를 위한 자금 공급 확대도 고려해야 할 것으로 보인다.

구분	지표	2013~2014년중	2024~2025년중
메모리 시장 점유율	DRAM	66% (2013. 3분기)	70% (2025.1분기)
	NAND	38% (2013년)	54.4% (2024.4분기)
수출 규모	반도체	340억 달러 (2014년)	1,419억 달러 (2024년)

[표 3-7] 한국 반도체산업의 위치
자료: Stellar Market Research, MarineLink, Korea.net

한국 조선산업은 세계 1~2위를 다투는 기업들을 보유하고, 특히 고부가가치 LNG선과 대형 컨테이너선 분야에서 압도적 경쟁력을 지니고 있다. 그러나 최근에는 중국의 저가 공세와 기술

격차 축소, 인력 부족 및 원가 상승 등으로 경쟁력 저하에 대한 우려가 커지고 있다. 2025년 현재 글로벌 조선업계는 탄소중립 및 친환경 선박에 대한 수요 증가, 자율운항선박 개발 등으로 새로운 기술개발을 요구받고 있고, 국내 기업도 예외는 아니다.

중국의 국영조선소 CSSC(China State Shipbuilding Corporation)는 선박 건조 기술과 가격에서 빠르게 한국을 압박하고 있다. 중소 조선사는 인력난과 원자재 가격 급등으로 도산 위기에 직면했고, 스마트야드 등 설비의 업그레이드는 대기업 중심으로만 이루어지고 있다. 앞으로의 위기상황을 타개하려면 두 가지가 필요한데 첫째는 '기술'이고 둘째는 '인력'이다.

국내 조선업계는 자율운항(스마트)선박, 친환경 선박 등 미래 선박 분야에서 경쟁력을 강화하고 기술개발을 촉진할 필요가 있다. 이를 위해 자율운항 지능형 시스템 실증 지원과 원격제어 시스템 상용화를 추진하는 한편, 선박의 설계부터 생산, 품질관리 안전까지 선박 제조 전 공정(工程)의 디지털·자동화를 지원(스마트 야드 확대 포함)해야 할 것이다. 나아가 에너지 고속도로 건설과 연계된 풍력 선박 시장도 육성한다. 이 과정에서 선박 제조 관련 맞춤·전문 인력 양성을 지원하고 작업자들의 안전은 강화하되 이들에 대한 처우는 개선할 필요가 있다.

또한 정부는 대형·중소 조선사 간 상생관계를 도모함으로써 시너지를 유도하고, 조선 관련 기자재의 국산화율을 제고하도록 유도할 필요가 있다. 그리고 군함 등 특수선 건조와 선박 MRO(유지·보수·정비) 시장은 미래 신성장동력산업으로 육성할 필요가 있다. 군함 등 특수선 건조는 국가 안보와 직결되는 전략산업이어서, 적어도 중국과의 경쟁은 피하기 수월하다고 할 수 있다. 고도의 기술력이 요구되기 때문에 중저가형 중국 조선업과 달리 국내 조선업의 기술경쟁력 발휘가 가능하다는 장점도 있다. 또한 선박 MRO(유지·보수·정비) 시장은 기존 건조된 선박들의 수명이 길어지고 친환경·스마트화 개조 수요가 증가함에 따라 지속적이고 안정적인 매출원이 될 수 있다. 아울러 최근에 타결된 한미 관세협상(25년 7월말)의 성공적 마무리에는 미국 내 3,500억 달러 투자 약속이 중요한 역할을 했으며, 그중 'MASGA(미국 조선 재건)' 명목의 1,500억 달러 규모 한·미 조선 협력 패키지가 핵심 중 하나인 것으로 보도되고 있다. 이는 미군 해군력 증강이라는 미국의 수요와 한국 조선업의 경쟁력이 맞아떨어진 결과인데, 미국 내 조선소·MRO·인력양성 투자와 공동 프로젝트과정에서 국내 조선업 기술 고도화의 전기가 마련될 것으로 생각된다. 즉, 조선업이 통상·안보 연계형의 새로운 신성장축이 되면서 한국 조선업은 다음 사이클로 도약할 기회의 문이 열리고 있다. 이처럼 반도체와 조선업, 이 두 분야는 고부가가치

산업이자 고용창출 효과와 성장 잠재력도 풍부하기 때문에 전략적으로 미래 신성장동력산업으로 육성해 갈 필요가 있다.

구분	지표	현황(2025.4월)	비고
월간 수주실적	수주 척수 (CGT)	17척, 82만 CGT(3월실적)	월간 세계 점유율 55%로 1위 기록
수주 잔량	LNG선	713억달러 (물량기준 52%)	고부가가치 주문 비중이 압도적 우위

[표 3-8] 한국 조선산업의 위치
자료: LNG Prime

AI는 산업의 생산성과 효율성을 비약적으로 향상시킬 핵심 수단이다. 기존의 제조업에 이러한 AI를 융합하면 자동화와 스마트화가 가능해져 고부가가치 전환이 가속화될 수 있다. 일례로 현대자동차가 2025년 봄 미국 조지아주에 건설한 '현대차그룹 메타플랜트 아메리카(HMGMA)'는 제조 공정 전반에 인공지능(AI), 로보틱스, 자율주행 물류 시스템 등 최첨단 기술을 도입함으로써 제조 공정의 효율성과 품질을 극대화했다. 특히 프레스와 차체 공정은 로봇과 AI 비전 시스템을 활용해 완전히 자동화했으며, 도장 공정도 고해상도 검사 로봇과 특수 도포 기술로 완성차 외관의 품질을 높였다. 또한 의장 공정은 기존의 컨베이어 중심 방식에서 벗어나, 자율주행 운반 로봇(AGV) 기반의 유연한 생산 체계를 구축했다. 이를 통해 다양한 모델과 옵션에 대응할 수 있는 생산설비를 구축한 것이다.[29]

또 다른 예로 SK C&C는 '제조 공장 맞춤형 종합 AI 예지정비 서비스'를 제공하는 디지털 플랫폼 서비스를 2024년에 출시했다.[30] 이 플랫폼은 제조공장의 사고위험을 축소하고 생산성은 높이는 데 도움을 줄 것으로 기대되었다. 생산 공정별 기계·설비 작동 상황을 학습한 AI가 제품생산과 품질에 심대한 영향을 주는 기계 장애와 설비 고장 유발 원인을 찾아 알려 주고 안정적인 기계·설비 운용을 지원한다고 한다.

이처럼 AI와 제조업 간의 융합은 산업 고도화에서 핵심적인 역할을 수행한다. 이러한 융합은 제조 현장을 넘어 농업과 물류, 국방과 의료, 그리고 문화 영역까지 확산될 수 있다. 에너지-AI, 바이오-AI, 콘텐츠-AI처럼 새로운 영역이 창출되는데, 이것이 바로 'AI-X'이다. 이 융합은 단순한 기술의 결합을 넘어, 이종 산업 간 경계를 허물며 우리 경제가 추격형 모델에서 창조형 모델로 전환하는 핵심 동력이 될 것이다. 각 산업의 핵심에 AI를 접목함으로써 생산성 혁신뿐만 아니라 새로운 일자리와 신시장 개척에 나설 수 있다.

4

중소벤처 및
과학기술 혁신생태계 확립

중소벤처기업은 혁신성장의 토대

중소벤처기업은 창의적이고 혁신적인 아이디어를 현실화하여 경제를 발전시키는 데 핵심적인 역할을 한다. 이들은 기존 기업들이 시도하지 못하는 첨단 기술이나 새로운 비즈니스 모델을 활용해 새로운 산업을 창출하고 시장을 넓혀 간다. 또한, 다양한 일자리를 창출하고, 경제가 지속적으로 성장할 수 있는 새로운 활력을 불어넣는다. 현재 글로벌 시장을 장악하고 있는 구글, 페이스북, 네이버, 카카오 등 국내외 빅테크 기업들도 모바일 혁신을 통해 새로운 서비스를 제공한 중소벤처기업의 잠재력을 잘 보여 준다.

1997년 외환위기는 우리 경제에 큰 충격을 주었지만, 동시에 체질 개선과 성장 동력 확보의 기회로 작용하면서 오히려 중진국의 함정에서 벗어나 선진국으로 도약할 수 있는 기회를 제공했다. 이러한 도약의 배경에는 IT를 중심으로 한 벤처산업의 부흥이 결정적인 역할을 했다. 당시에는 벤처라는 단어조차 생소했던 상황에서 김대중 정부는 전국에 초고속인터넷망을 구축함과 동시에 '사이버코리아21' 계획을 통해 적극적인 기술중심 벤처기업 육성을 지원하기 시작했다. 이로 인해 1998년 2,000여 개에 불과하던 벤처기업 수는 2001년에 1만 개를 넘어섰고 벤처를 포함한 중소기업 매출실적도 1998년 76조 원에서 2001년에는 189조 원으로 급증하게 된다. 네이버, 다음, 넥슨, 엔시소프트 등 내로라하는 대기업들이 바로 이 시기 정부의 적극적인 벤처지원 정책의 힘을 얻어 성공신화를 써 내려간 기업들이다.

중소벤처기업의 의미는 단순히 성공한 창업자의 스토리에만 한정되지 않는다. 이들은 우리나라 고용의 88%에 달하는 국민 일자리의 대부분을 책임지고 있다. 결국 중소기업들의 임금이나 일자리 환경이 좋아진다면 우리 국민들 전반의 일자리 여건이 좋아지게 되는 것이다. 중소기업 일자리의 양과 질은 어떻게 증가하는가? 가장 근본적인 것은 중소벤처기업들 자체가 성장하는 것이다. 매출액과 영업이익이 늘면 종사자의 처우가 개선될 것이고 처우가 좋아진 곳에는 보다 우수한 인력이 들어갈 것이다. 그리고 우수한 인력의 유입은 다시 기업의 성장을 촉진하는 선순환 구조가 만들어질 것이다. 따라서 중소벤처기업의 활성화는 국민의 성장과 행복에 직결되는 핵심 요소라 할 수 있다.

우리 경제의 장기 저성장의 위기에는 침체된 중소벤처 기업 문제도 중요하게 자리 잡고 있다. 경제는 기업들의 도태와 생성이 끊임없이 이루어지는, 발전하는 생물과 같다. 생존의 가능성이 희박해진 소위 좀비기업들은 도태되어 사라지고 혁신적 아이디어와 도전적 정신으로 무장한 기업들이 새로이 등장하면서 경제의 생산성은 높아지고 지속적인 성장을 할 수 있는 것이다. 이처럼 도태와 생성의 작용으로 성장 엔진을 계속 돌리는 것을 우리는 성장동력이라고 한다. 우리나라가 한국전쟁의 폐허를 딛고 후진국에서 당당하게 선진국으로 도약할 수 있었던 배경에는 다른 나라가 따라올 수 없는 성장동력을 가지고 끊임없이 성장엔진을 가동시켰기 때문이다. 우리는 이를 'K-다이나믹스(K-dynamics)'라고 부를 수 있을 것이다. 1960~1970년대에는 현재의 대기업들이 새롭게 출현하여 성장을 주도하는 역할을 담당하였고, 2000년대 초반 외환위기를 극복하고 선진국으로 도약하는 데에는 당시의 벤처기업이 성장동력으로서 작동했다. 그러나 중소벤처혁명 이후로 우리나라에서 K-다이나믹스는 사라져 가고 있으며, 성장엔진은 서서히 멈추고 있다. 성장엔진을 다시 강력하게 가동시키기 위해서는 중소벤처기업의 부활이 반드시 필요하다.

중소벤처기업들이 활력을 찾고 다시 한번 대한민국 경제의 힘찬 도약, 즉 K-다이나믹스의 신화를 만들어 내기 위해 정부는 무엇을 해야 하는가? 이에 필요한 정책방안들은 크게 네 가지로 나누어 볼 수 있다.

첫째, 중소벤처기업들이 혁신하고 성장할 수 있는 환경을 만들어 주어야 한다. 혁신적인 아이디어를 가진 이들이 아이디어에 그치는 것이 아니라 연구하고 다듬어서 실제 상품이나 서비스로 현실화시키고 시장에서 성공할 수 있는 기회를 많이 주어야 한다. 중소벤처기업들이 기술혁신을 더 열심히 할 수 있도록 지원하는 한편, AI 등 빠르게 발전하고 있는 첨단기술을 제조현장에 적용해서 생산성과 시장경쟁력을 높일 수 있도록 도와주어야 한다.

둘째, 혁신적 기술 분야에서 성장을 가로막는 규제를 과감하게 없애거나 완화해야 한다. 기존의 규제 샌드박스를 넘어서 '메가 샌드박스'라고 부를 수 있는 새로운 규제 혁신 시스템을 도입해야 한다. 즉, 일부 기술에 한정해 일부 규제만 풀어 주는 방식이 아니라 AI, 자율주행 자동차, 스마트시티, 바이오 헬스 등 빠르게 변화하는 미래 산업 분야에서 기업들이 새로운 기술을 개발하고 테스트할 때, 관련된 모든 기술에 대해 규제를 신속하고 포괄적으로 유예해 주는 것이다. 이를 위해 대통령 또는 총리를 중심으로 다양한 부처들이 긴밀히 협력하는 컨트롤타워를 만들어 체계적으로 지원할 필요가 있다.

셋째, 벤처투자 시장을 활성화하고 특히 첨단 기술 분야를 다루는 딥테크 기업들을 집중적으로 육성해야 한다. AI, 바이오 기술, 우주항공, 첨단 소재 등과 같은 미래 핵심 기술을 연구하는 기업들은 초기 투자 비용이 많고 실패 위험도 매우 크다. 따라서 정부가 일부 위험을 부담하면서 민간 투자자들이 함께 참여할 수 있도록 펀드를 만드는 등 적극적인 투자 환경을 조성하는 것이 필요하다.

마지막으로, 전국의 다양한 지역에서 중소벤처기업과 스타트업이 활발히 성장할 수 있도록 균형 있는 지역 발전 정책을 펼쳐야 한다. 지역의 특성을 반영한 맞춤형 창업 환경을 만들어 주고, 지역 대학과 연구기관, 지역 기업들이 서로 협력할 수 있도록 네트워크 형성을 지원해야 한다. 이를 통해 지역의 강점을 활용한 특화 산업이 발전하고 지역 경제가 함께 살아날 수 있다.

이와 같은 전략을 정부가 적극적으로 추진한다면, 중소벤처기업은 다시금 대한민국 경제의 체질을 튼튼하게 만드는 새로운 성장의 동력이 될 수 있을 것이다. 아래에서 이 네 가지 방안을 더욱 자세하고 구체적으로 논해 본다.

중소벤처의 씨앗을 틔우는 토양 만들기

중소벤처기업의 역동성을 회복하는 데 있어 무엇보다 중요한 것은 혁신적 사업을 할 수 있는 환경을 만드는 것이다. 이는 국민들이 가지고 있는 많은 창의적인 아이디어를 보다 쉽게 비즈니스로 만들고, 사업화에 성공할 경우 시장에서의 수익을 통해 충분한 보상을 받을 수 있는 사회적 체계가 갖추어지는 것을 말한다. 그러한 환경하에서 보다 많은 사람들이 혁신적인 사업 아이디어를 만들기 위해 노력할 것이고 이 중 일부만이 성공에 이르더라도 경제 전체에는 엄청난 규모의 효과를 누릴 수 있는 것이다. 그렇다면 중소벤처기업이 사업할 만한 환경을 만들기 위해서는 어떻게 해야 할까?

첫째로 중소벤처기업에 대한 연구개발(R&D) 지원을 '제대로' 하는 것이다. 연구개발지원은 중소벤처기업이나 스타트업 기업들이 자신들의 아이디어를 쓸모가 있도록 다듬어 제품이나 서비스를 만드는 데까지 정부가 재정적으로 지원을 해주는 것을 말한다. 신생 중소기업은 설사 내재적 능력이 충분해도 자금, 정보, 위험 감수 능력 등의 부족으로 인해 R&D 투자를 주저하는 경향이 있다. 정부의 R&D 지원은 이러한 시장 실패를 보완하여 중소기업의 혁신 활동을 촉진할 수 있다. 이 때문에 많은 나라의 정부가 중소벤처기업에 대한 R&D 지원 정책을 펴고 있고, 우리나라도 예외는 아니다.

이전 정부에서 추진했던 정책 중 가장 아쉽고 경제에 부정적 영향을 주었던 정책 중 하나는 R&D 지원을 크게 줄인 것이다. 이로 인해 정부의 R&D 지원에 기반하여 기술개발을 추진하고 있었던 중소벤처기업들도 큰 타격을 입었다. 물론 지금까지 우리 정부의 R&D 지원 정책의 효과성에 대해서는 꾸준히 문제가 제기되어 왔다. 그러나 집행 방식의 효율성을 이유로 R&D 지원을 끊어 버리는 것은 앞으로 혁신 성장을 포기하겠다는 것에 다름 아니다. 중요한 것은 정부의 지원이 실제로 효과를 낼 수 있도록 만드는 것이다. 즉, R&D 지원을 통해서 중소벤처기업들이 혁신적인 제품이나 서비스를 만들어 내고 이것이 시장에서 성공을 거두는 것을 의미한다. 따라서 정부는 중소벤처 기업의 혁신을 촉진시킬 수 있도록 오히려 R&D 예산을 늘려야 하고, 동시에 그 돈이 제대로 쓰이도록 지원 체계를 고치는 것이 필요하다.

어떤 방식으로 연구개발 정책을 추진해야 중소벤처기업의 혁신을 효과적으로 이끌어 낼 수 있을까? 정부의 바람직한 연구개발 정책방향에 대해서는 본 장의 후반부에 다시 자세하게 언급하겠지만, 중소기업에 초점을 맞춰 현재 우리나라의 연구개발 지원 관행과 개선방향에 대해 논해 보자. 연구개발 사업의 효과성이 낮다는 것은 R&D 지원을 해주더라도 이것이 새로운 제품이나 서비스를 시장에 내놓지 못하는 경우가 많고, 설사 출시하더라도 시장에서 성공을 거두지 못한다는 것을 의미한다. 실제로 우리나라 정부가 지원한 R&D 중에는 새로운 제품이나 서비스로 이어지지 못한 경우가 많았다. 이는 정부의 R&D 지원을 통해 실제 사업으로 이어지도록 유도하는 시스템이 부족하기 때문이라고 볼 수 있다.

우리나라는 해외 주요국들로부터 성공한 벤처 R&D 지원 시스템을 도입해 왔다. 그런데 도입과정에서 알맹이가 빠지면서 기형적이면서도 효율성도 약해지는 경우가 많이 발생하고 있다. 예를 들어, 벤처 성공의 대표적인 국가인 미국에는 'SBIR(Small Business Innovation Research)'이라는 중소기업 R&D 제도가 있다. 정부 부처가 예산의 일정 부분을 특정 기술 분야의 중소벤처기업에 대한 R&D 지원에 사용하는 제도를 말한다. 40년이 넘게 유지되어 온 이 제도를 통해 수많은 기업들이 사업화에 성공하였으며 이들 중에는 세계 최고의 반도체 기업 중 하나인 퀄컴(Qualcomm)이나 로봇청소기 룸바로 유명한 iRobot, 노턴 안티바이러스로 유명한 Symantec 등 글로벌 기업으로 성장한 사례도 상당히 많다. SBIR의 가장 큰 특징은 단계적으로 선별하여 사업화가 가능한 기업들에 자원을 집중한다는 것이다. 1단계에서는 최대한 많은 중소벤처기업들에게 연구개발의 기회를 준다. 그러나 일정 기간이 지나면 평가를 통해 사업화가 어려워 보이는 기업들은 탈락을 시키고 나머지 기업들만 2단계로 진출시켜 R&D 지원을 집중시키는 방식이다. 이들 기업 중에서도 3단계 지원은 최종적으로 사업화가 유력한 기업들에 대해서만 제공되는데, 이미 3단계에 들어서면 정부가 자금지원을 하지 않더라도 시장에서는 사업화가 매우 유력한 중소벤처기업으로 알려지기 때문에 민간의 투자자금이 몰려들게 되어 기업이 원하는 사업화가 용이해지게 된다. 우리나라에서도 1998년부터 SBIR을 벤치마킹한 중소기업 기술혁신 지원계획(KOSBIR)을 시행하고 있다. 그러나 SBIR의 핵심인 단계적 지원 집중 방식만 쏙 빼놓은 방식으로 도입되었다. 그러다 보니 연구결과가 경쟁력 있는 제품이나 서비스 출시로 이어지는 가능성은 크게 떨어질 수밖에 없었다.

중소기업 연구개발지원 정책의 비효율성에는 정책 거버넌스, 관료주의를 비롯해 여러 가지 문제들이 있고, 여기에서 이를 자세히 논하기는 어렵다. 그러나 근본적인 문제점은 그간 우리 정책이 연구를 시작하는 데는 도움을 주지만, 그 연구가 실제로 제품이 되거나 사람들이 사용하는 서비스로 발전하도록 돕거나 유인을 주는 데는 미흡했다는 것이다. 마치 씨앗을 살 돈은 지원해 주지만 이를 올바르게 경작해 결실을 얻을 수 있도록 농부들을 자극하고 유도하지는 못한 것과 같다. 따라서 앞으로 중소벤처기업에 대한 R&D 지원의 초점은 연구개발의 결과가 실제 제품이나 서비스의 상용화로 이어질 수 있도록 추동하는 데 초점을 두어야 한다.

요약하면, 중소·벤처기업이 진짜로 성장할 수 있도록 하려면 단순히 재정적인 지원을 많이 주는 것에 그치는 것이 아니라, 지원한 돈이 어떻게 쓰이고 어떤 결과로 이어지는지를 꼼꼼히 따지는 똑똑한 지원 체계가 필요하다. 이제는 단순한 지원이 아니라, 진짜성장을 위한 전략적인 변화가 필요한 때이다.

이외에도 R&D 지원의 효과를 높이기 위해서는 많은 과제가 있다. 첫 번째는 정부의 지원이 가장 필요한 스타트업이나 창업 초기 기업들에게 지원을 해주는 것이다. 스타트업 기업들은 혁신적인 아이디어는 있으나 사업경험도 부족하고 실제 아이디어가 사업화로까지 이어질 수 있는지 매우 불확실한 상황이기 때문에 투자의 성공확률이 높지 않다. 이런 이유로 스타트업들에 대한 투자는 흔히 모험자본이라고 불린다. 뒤에서 다시 언급하겠지만 우리 경제는 글로벌 금융위기와 코로나 팬데믹을 거치면서 위험을 회피하고 안정적 사업을 추구하는 경향이 강해졌다. 이로 인해 민간 영역에서 모험자본에 대한 투자는 위축되고 있는 상황이며, 정부의 역할이 중요해질 수밖에 없다. 혁신적인 아이디어를 가지고 창업을 준비하는 시기를 인큐베이팅 시기라고 하는데 여기서부터 정부가 적극적인 지원을 해줄 필요가 있다.

 정부의 적극적인 인큐베이팅 지원을 통해 벤처산업을 부흥시킨 사례 중 하나가 이스라엘이다. 이스라엘은 창업국가라는 별명을 가질 정도로 세계 최고의 스타트업 허브 중의 하나이다. 24개의 인큐베이팅 기관과 369개의 악셀러레이팅 기관이 있으며, 10억 달러 이상의 가치를 가진 스타트업이 30개가 넘고 98개 업체가 미국 나스닥에 등록되어 있을 정도이다. 이처럼 창업국가로 변모한 데에는 1990년대 정부가 기술 인큐베이팅 지원제도를 마련해 실시한 것이 큰 역할을 했다. 우리나라도 이스라엘의 사례를 차용해 민간투자주도형 기술창업지원 프로그램(Tech Incubator Program for Startup, 이하 'TIPS')을 운영하고 있다. 우리나라에서 창업이 부흥하기 위해서는 지금의 TIPS 프로그램을 보다 더 확장하고, 정부가 보다 적극적인 역할을 해줄 수 있는 프로그램을 신설할 필요가 있다. 또한 기술보증기금이나 중소기업기술정보진흥원 등 기술지원이 가능한 공공기관들의 인큐베이팅 프로그램을 확대하는 것도 중요하다. 인큐베이팅은 성공확률은 낮지만 성공 시 얻을 수 있는 수익도 매우 크기 때문에 단순히 지원만을 하는 것이 아니라 지분투자 방식을 도입해서 스타트업 성공 시 정부가 과실을 같이 공유하도록 하는 방식도 적극적으로 검토할 필요가 있다. 정부가 수익을 얻게 된다면 이를 국민을 위한 타 사업에 사용하거나 국민들의 세금 부담을 줄여 줄 수 있다.

중소벤처기업에 대한 연구개발 지원사업의 효과성을 높이는 또 하나의 방법은 업체들이 최근의 기술혁신 흐름에 빠르게 적응하고 글로벌 시장을 개척할 수 있는 역량을 갖추는 데 도움을 주는 것이다. 여기에는 디지털(지능형·자율형 공장) 전환과 AI 제조혁신 추진, 판로 지원, 글로벌 역량 강화 등이 포함된다. 혁신적 아이디어에 주로 기반하는 벤처·스타트업과 달리 제조중소기업의 성장에는 제조공정의 스마트화가 중요한 역할을 할 수 있다. 현재 추진되고 있는 공정 스마트화를 개선하여 보다 신속하고 효율적으로 중소기업의 제조공정이 선진화될 수 있도록 추진해야 한다. 과거 우리 경제발전의 핵심이었던 제조뿌리산업에의 공정자동화, 지능화 등 스마트화가 신속히 이루어질 수 있도록 지원하며 동시에 탄소중립 및 공정 안전성을 강화하는 방향으로의 전환도 추진되어야 한다. 특히 AI+X를 통한 인공지능 기술의 산업화 활용은 대기업만이 아니라 중소기업의 제조과정에도 신속하게 도입될 수 있도록 지원체계를 만드는 것이 중요하다. 이와 함께 중소기업들의 부족한 사업서비스 역량을 보완할 수 있도록 국내외 판로개척과 관련한 지원들을 강화할 필요가 있다. 특히 트럼프 정부의 공격적인 통상전략으로 인해 국내에서 가장 큰 어려움을 겪을 기업은 수출관련 중소기업이 될 것이다. 이들 기업의 경영위기를 겪지 않고 통상환경 변화에 탄력적으로 대응할 수 있도록 정부의 지원이 강화되어야 한다.

세 번째 연구개발 효과성 증진 방법은 첨단전략산업과 연계한 미래기술의 확보 및 대·중소기업 간 파트너십이 구현되는 동반성장 시스템 구축이다. 특히 최근 연구들에서는 중소벤처기업의 경우 대기업과의 협업을 통해 R&D를 추진할 때 생산성 증대 효과가 훨씬 큰 것으로 분석되고 있다. 따라서 중소벤처기업의 사업화 효율성을 극대화할 수 있도록 대기업 및 대학과의 협업사업에 대한 지원을 강화할 필요가 있다. 예컨대 중소기업 R&D 지원 시 중소기업-대기업(대학) 연계형 R&D를 강화하고 단순한 자금지원만이 아니라 사업화 과정에서 관련 규제 개혁에 우선권을 제공하는 방식 등을 고려할 수 있다.

마지막으로 중소벤처 및 스타트업 성장을 위한 금융의 역할을 강화하고 제조중소기업의 우수 인재 유치를 지원하는 등 성장의 핵심요소를 원활하게 확보할 수 있는 환경을 마련해 주어야 한다. 금융의 역할 강화란 단순히 벤처금융의 확대만을 의미하는 것이 아니다. 우리나라 금융의 고질적인 문제는 자금이 중소기업 투자와 같은 생산적인 방향으로 제대로 가지 못하고 주택담보대출 등 부동산 쪽으로 쏠리면서, 중소기업은 만성적인 자금부족에 시달리는 반면 가계의 부채는 크게 증가하고 부동산 가격은 급등하는 것이다. 따라서 금융시스템의 개혁과 맞물려서 자금이 중소기업들의 설비개선과 같은 생산적인 영역으로 보다 많이 유입될 수 있는 제도를 구축하는 것이 필요하다. 또한 중소기업들과 협력해 업무 환경을 개선해 우수한 인재들이 중소기업에의 취업을 꺼리고 부끄러워하는 관행을 없앨 수 있는 방안을 마련해야 한다.

창의성을 만들어 내는 규제개혁

창의성과 혁신을 강화하기 위해서는 다양한 조건이 필요하지만, 그중에서도 규제개혁은 매우 중요한 요소로 꼽힌다. 예를 들어 진입규제는 새롭게 만든 사업이나, 상품, 서비스 등이 시장에서 거래가 되어도 문제가 없는지 여부를 정부기관이 평가를 하고 허가를 내어 주는 것을 말한다. 제품들 중에는 국민의 안전과 시장 질서의 교란 등 잠재적 위험성이 커서 사전에 평가할 필요가 있는 것이 있고, 이는 정부의 중요한 역할이기도 하다. 그러나 만약 정부의 편의를 위하거나 과도하게 보수적인 접근방식에 따라 지나치게 절차를 복잡하게 만들어 놓는다면 혁신적인 아이디어가 실제로 사업화로 이어지는 데에는 너무 많은 장벽이 생기게 된다.

예를 들어 한 청년이 인공지능(AI)을 활용해 여드름 질환을 사진으로 분석하고, 초기 진단을 제안해 주는 모바일 앱을 개발했다고 가정해 보자. 사용자가 스마트폰 카메라로 얼굴의 피부 상태를 촬영하면, AI가 데이터베이스와 비교 분석해 여드름의 종류와 정도, 치료의 필요 유무, 병원을 이용하지 않는 관리방법 제안이나 병원 및 치료 정보 등을 판단해 알려 주는 기능을 제공하는 앱을 만든 것이다. 누가 보아도 이 앱은 여드름으로 고민하는 사람들에게는 매우 인기가 있을 것으로 보인다. 그러나 이 청년이 본격적으로 앱을 상용화하려고 할 때는 여러 가지 규제 절차에 직면하게 된다. 우선 AI 진단 기능이 '의료행위'에 해당할 수 있기 때문에, 이 앱이 '의료기기'로 분류되는지 여부를 정부기관(예: 식품의약품안전처)에서 판단받아야 한다. 만약 의료기기로 분류된다면, 임상시험 데이터를 제출하고 기기 안전성·유효성 검토, 등급 판정 등의 복잡한 심사를 받아야 한다. 또한 우리나라에서는 원격의료가 제한적으로만 허용되기 때문에, AI가 직접 진단하고 의료 조언을 하는 행위가 법적으로 문제가 될 수 있다. 이 경우, 앱의 기능을 제한하거나, 의사와 연동된 사용 방식을 설계해야 한다. 이뿐만이 아니다. 피부 사진은 민감한 개인의 생체정보이므로, 이를 수집·저장·분석하는 데 있어 정보주체의 동의 절차, 데이터 암호화, 해외 서버 이용 제한 등 복잡한 법적 기준을 충족시켜야 한다. 게다가 AI가 질환 위험도를 안내하는 기능이 의료효과를 암시하는 광고로 해석될 경우, 의료법 및 의료광고 가이드라인에 따른 규제가 적용되어 앱 출시 전부터 표현 방식이나 마케팅 문구까지 정부의 사전 심사를 받을 가능성이 있다.

　이러한 절차들을 앱을 개발한 청년 혼자 모두 파악하고 대응하기란 쉽지 않다. 아마도 이 청년에겐 앱의 개발보다 이러한 규제 절차를 밟는 것이 더 힘든 일일 수도 있다. 이처럼 새로운 기술이나 아이디어가 실제로 사회에서 사용되기 위해서는 기술 자체뿐 아니라 제도적 장벽을 넘는 전략도 필요하다. 기존에 나와 있는 상품이나 서비스들은 이렇게 절차가 복잡하지 않을 것이다. 그러나 혁신적인 아이디어를 가지고 새로운 제품이나 서비스를 만드는 경우 이와 관련한 전례가 없기 때문에 규제의 절차는 더욱 복잡해질 수밖에 없다. 어쩌면 이 청년은 여러 가지 사정을 알아보다가 상대적으로 정형화된 절차만을 준수하면 되는 카페를 대신 차리게 될 수도 있다.

　국제적인 조사 결과에 따르면, 우리나라의 규제 환경은 다른 나라에 비해 혁신적인 사업을 추진하기에 어려움이 많은 것으로 나타난다. 아래 [표 4-1]은 세계경제포럼(World Economic Forum)이라는 국제 비영리 단체에서 전 세계 141개 나라의 국제경쟁력에 대해 순위를 매긴 자료이다. 우리나라의 경쟁력 순위는 13위로 GDP로 보는 경제규모의 순위와 비슷하다. 그러나 규제와 관련된 순위는 여전히 중하위권에 머물러 있다. 규제와 관련한 법적 절차와 사업과 관련한 정책 환경은 각각 67위와 76위이고, 특히나 규제부담은 87위로 하위권에 속하고 있다. 이처럼 불리한 규제여건은 당연히 기업의 창의적인 시도를 가로막고, 새로운 산업의 성장을 늦추는 원인이 된다.

항목	한국 순위(141개국 중 전체 13위)
사회자본	72
법적절차의 효율성	67
사업관련 정책환경	76
규제에 대한 부담	87

[표 4-1] **한국이 상대적으로 부진한 부문 (2019년 기준)**
자료: WEF, 부문별 국제경쟁력지수(Global Competitiveness Index) 순위

이러한 상황을 개선하기 위해서는 기업 활동을 제약하는 규제를 속도감 있게 개혁할 필요가 있다. 특히, 대기업에 비해 제도 개선 요구를 전달하기 어려운 중소기업의 경우, 정부가 직접 나서서 규제를 완화하고 제도적 지원을 강화해야 한다.

　스타트업처럼 새로운 기술이나 서비스를 개발하는 기업들은 특히 빠르게 사업화가 이루어져야 경쟁력을 확보할 수 있다. 따라서 신기술과 관련된 규제를 간소화하고, 복잡한 절차를 하나의 창구에서 처리할 수 있는 통합 시스템을 마련하는 것이 필요하다. 현재 우리나라에는 새로운 기술 도입 시 관련 규제가 복잡하고 미비한 경우 일정 기간 규제를 완화시켜 자유롭게 혁신적 활동을 할 수 있게 해주는 '규제 샌드박스' 제도가 있다. 정부는 해당 기간 동안 관련 상품이나 서비스가 만들어지고 사업화되어 시장에서 거래되는 상황들을 면밀히 살펴보면서 이 분야에 대한 규제가 어떻게 효율적으로 만들어져야 하는지 평가해 볼 수 있다. 또한 샌드박스 기간이 끝나면 그동안의 평가결과를 토대로 이 산업에 맞는 적절한 규제를 만들어 혁신과 국민의 안전이라는 두 마리 토끼를 잡을 수 있다. 그러나 지금까지 이 제도의 취지는 충분히 실현되지 못했다는 것이 다수의 평가이다. 3년 동안 허용된 샌드박스를 이용하여 아이디어를 구체화하고 사업화하였으나 샌드박스가 종료된 이후에 후속 법제화 또는 규제 합리화 조치가 전혀 이루어지지 않으면서 오히려 사업들을 접어야만 하는 상황들이 발생하고 있는 것이다. 이렇게 되면 오히려 스타트업이나 벤처기업들이 그동안의 투자가 다 물거품이 되어 버릴 수도 있게 된다. 따라서 현재 진행되고 있는 샌드박스 제도가 제대로 운용될 수 있도록 실효성을 강화하는 개혁이 시급하다.

이 밖에 창업과 혁신 중소기업 활동을 활성화시키기 위해 샌드박스의 지역 및 기술 범위를 넓히는 '메가 샌드박스'를 도입하거나, 나아가 중장기적으로는 규제체계를 정부가 법이나 규정으로 금지한 내용들 외에는 모두 허용을 하는 네거티브 시스템으로 바꾸는 것까지 검토할 필요가 있다. 또 정부 중심으로 신산업과 기존 산업의 갈등을 조정할 수 있는 공식적인 기구를 설치하는 등 규제 거버넌스도 구축해야 한다. 보다 구체적인 규제 혁신 방향에 대해서는 본 책의 제7장에서 서술한다.

벤처산업 발전을 위한 투자 금융의 활성화

흔히들 우리나라를 부동산 왕국이라고 한다. '부동산 불패 신화'라는 말이 나올 만큼 많은 국민들은 좋은 입지에 위치한 아파트를 구입하는 것이 자산을 축적하는 데 가장 좋은 방법이라고 생각한다. 이처럼 부동산 왕국이 된 데에는 단순히 국민들의 선호만 있었던 것이 아니다. 자기 소득을 훨씬 뛰어넘는 주택을 구입할 수 있도록 금융권에서 대출을 해주기 때문이다. 이 때문에 우리나라의 부동산 관련 대출규모는 세계에서 몇 손가락 안에 드는 수준까지 커졌다. 한정되어 있는 금융자원의 상당 부분이 부동산으로 흘러 들어갔다는 것은 다른 부분에는 필요한 자금이 충분히 공급되지 못하고 있다는 것을 의미한다. 대표적으로 부족한 부분이 바로 중소벤처기업과 스타트업 부분이다.

벤처기업과 스타트업이 성장하기 위해서는 충분한 자금, 특히 벤처금융의 지원이 꼭 필요하다. 많은 벤처기업이나 스타트업들은 충분한 자본 없이 혁신적인 아이디어를 바탕으로 창업을 한다. 애플은 워즈니악이 개인적으로 만든 컴퓨터를 스티브 잡스가 차고에서 조립해 판매한 것에서 출발했다는 것은 이미 많이 알려진 사실이며, 페이스북(현재 메타) 역시 저커버그가 하버드대 기숙사에서 친구들과 함께 만든 앱으로 시작했다. 이러한 스타트업들이 굴지의 글로벌 기업으로 성장하게 된 데에는 혁신적인 아이디어의 사업성을 제대로 평가하고 사업화할 수 있도록 투자를 한 벤처금융의 역할이 매우 컸다. 아무리 아이디어가 좋다고 해도 결국 상품을 만들고 이를 시장에 내다 팔 수 있는 돈이 없다면 그저 아이디어에 그치기 때문이다.

우리나라의 벤처금융은 2000년대 초반 김대중 정부 시기에 정부의 적극적인 지원 덕분에 크게 성장하였다. 흔히 IMF 사태로 불리는 외환위기에 벗어나 다시 성장엔진을 가동시키기 위한 방안으로 김대중 대통령은 IT 산업의 부흥을 강조했다. 이를 위해 우선 전국에 초고속인터넷망을 설치하는 대규모 인프라 투자를 단행했고 이에 더하여 혁신적인 아이디어를 IT에 접목할 수 있도록 벤처·스타트업을 적극 육성하였는데, 이를 위해서 정부 주도로 벤처금융을 크게 확대시킨 것이다. 규모가 커진 벤처금융 덕분에 벤처기업에 대한 투자가 활발해지고, 새로운 산업 생태계가 빠르게 형성될 수 있었다.

하지만 이후 정부의 지원이 줄어들면서 벤처금융 시장도 점차 침체되게 된다. [그림 4-1]은 우리나라의 신규 벤처투자액 추이를 보여 준다. 2011년까지의 벤처 투자 규모는 김대중 정부 시절보다도 낮은 수준에 머물렀다. 문재인 정부 시기에 들어서 다시 벤처투자가 늘어나는 모습을 보였지만, 지난 정부의 연구개발(R&D) 지출 축소 정책의 영향으로 최근 다시 벤처 투자 규모가 줄어드는 추세다.

우리나라 벤처금융이 본래의 목적을 충분히 수행하지 못하고 있다는 점도 문제로 지적된다. 벤처금융의 핵심 기능은 위험을 감수하고 새로운 영역에 투자하는 것이다. 앞서 언급한 애플이나 메타와 같이 성공여부가 불확실한 스타트업에게 이루어졌

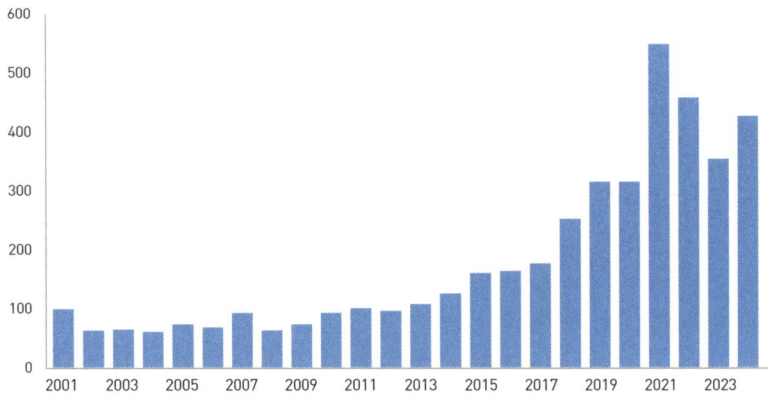

[그림 4-1] 연도별 실질 신규벤처투자 규모

주: 명목신규투자액을 소비자물가지수로 나눈 뒤 2001년을 100으로 정규화
자료: 벤처캐피탈협회, 한국은행

던 과감한 투자로 인해 글로벌 기업이 탄생할 수 있고, 동시에 투자자도 엄청난 수익을 거두었다. 우리나라에도 이런 사례들이 있었다. 일례로 공공기관인 기술보증기금은 게임업체인 크래프톤에 초기투자를 한 뒤 크래프톤이 상장에 성공하면서 6,000%가 넘는 수익률을 기록했다. 그러나 최근에는 안정적인 수익을 추구하는 경향이 강해지면서, 위험이 큰 초기 단계의 기업보다는 비교적 안정된 후기 단계의 기업에 대한 투자가 늘고 있다. [그림 4-2]를 보면 지난 20여 년간 벤처기업에 모험적 투자비중이 얼마나 감소했는가를 알 수 있다. 2001년만 해도 전체 벤처 신규투자 중에서 모험자본에 해당하는 창업 초기 벤처기업에 투자하

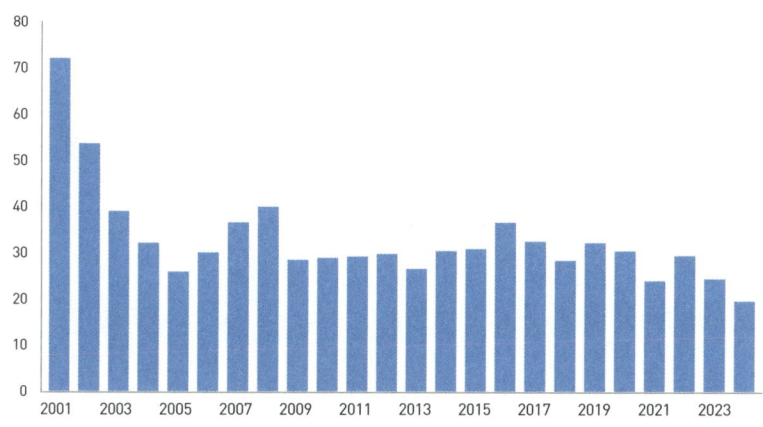

[그림 4-2] 신규벤처투자 중 모험자본에 해당하는 초기투자 비중 추이(%)

자료: 벤처캐피탈협회

는 비중이 70%를 넘었으나 이 비중은 계속 하락하여 2024년에는 20%에 불과할 만큼 위축된 것이다.

모험자본의 투자는 위험성만 있는 것이 아니다. 스타트업의 혁신적인 아이디어가 시장에서 성공할 경우 엄청난 규모의 수익을 얻을 수 있다. 투자한 기업들 중 아주 일부만 예측한 사업화에 성공하더라도 상당한 수익을 얻을 수 있다. 금융공학의 세계적 석학인 MIT의 Andrew Lo 교수는 정책적 목적을 가진 스타트업 지원이 정책적 효과뿐만이 아니라 실제 수익률 측면에서도 효과적이라고 평가하며 초기투자비용이 많이 들면서도 사회적 효과가 큰 신약개발 부문에 대한 공적 투자를 제안하기도 하였다. Lo 교수의 신약 부문 분석에 따르면 스타트업의 성공확률이 5%에 불과하지만 150개 정도의 많은 스타트업에 투자하게 되면 적어도 2개 이상의 기업이 성공할 확률은 99%가 넘으며 3개 이상도 98.5%나 되기 때문에 이 정도만 성공해도 상당한 수익률을 올릴 수 있다는 것이다.

지금까지의 이야기를 종합하면 정부는 R&D 지원체계를 보다 효율적으로 개혁하고, 벤처투자의 기반을 넓히며, 모험적인 분야에 자금이 더 많이 흘러가도록 유도하는 일을 해야 한다. 벤처투자의 규모와 모험자본으로의 자금 공급을 늘리기 위해서는 어떻게 해야 할까? 첫째는 은행 대출 등 민간 금융을 벤처금융으로 유도하는 것이다. 즉 금융이 부동산 담보대출과 같은 부분에 집중되는 대신 기업투자와 같은 생산적 영역으로 가는 것이다. 둘째는 정부가 직접 펀드를 조성하여 벤처기업과 모험자본에 투자를 하는 것이다. 현재 정부는 민간 기업들과 국민들이 함께 투자하는 국민펀드를 새롭게 조성할 계획이다. 이 펀드는 단순한 수익 창출을 넘어서, 중소기업과 스타트업의 혁신을 지원하는 역할을 하게 될 것이다. 실제로, 2008년 글로벌 금융위기 이후 세계 여러 나라들은 기술 경쟁이 치열해지자 자국의 산업을 전략적으로 육성하기 위한 국부펀드를 운영하기 시작했다. 시장의 자율성을 가장 강조해 온 미국조차도 최근에는 국부펀드 운영을

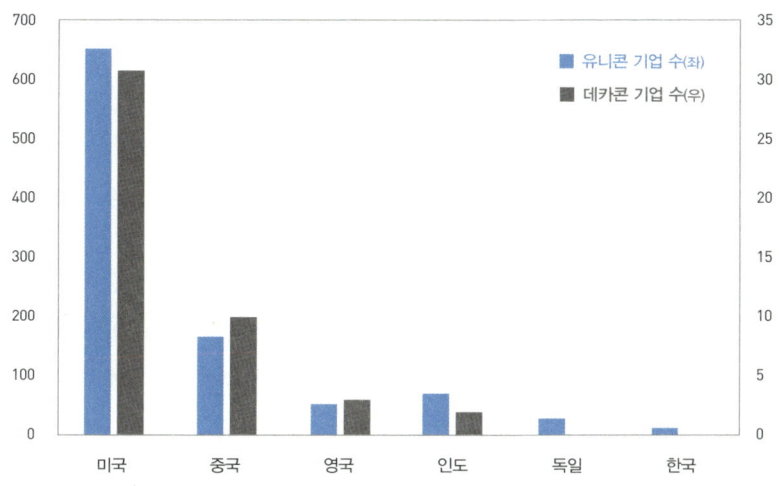

[그림 4-3] **국가별 유니콘 · 데카콘 기업 수**
자료: World Population Review, Investopia

검토하고 있다. 이런 흐름에 따라 우리나라 역시 국민펀드를 통해 일정 부분을 모험자본에 투자함으로써 창의적이고 도전적인 기업들의 성장을 도울 수 있다.

    펀드의 규모가 커지게 되면 벤처펀드의 고질적인 문제 중 하나인 스케일업 지원 부족의 문제를 해결할 수 있다. 스케일업이란 스타트업이 사업화에 성공하여 벤처기업으로서 자리매김을 한 것에 그치지 않고 유니콘 기업, 더 나아가 100억 달러 이상의 가치로 평가되는 데카콘, 1,000억 달러 이상으로 평가되는 헥타콘 기업으로 도약하는 것을 의미한다. 위의 [그림 4-3]에서 볼 수 있듯이 우리나라에서의 유니콘 기업 수는 주요국들에 비해서는 터무니없이 적다. 600개가 넘는 미국은 고사하고 영국이나 인도에도 수십 개의 유니콘 기업이 존재하는 데 반해 우리나라의 유니콘 기업 수는 14개에 불과하다. 게다가 데카콘 기업은 국내에 단 한 개도 존재하지 않는다.

큰 기업으로 도약하기 위해서는 막대한 자금이 필요하다. 규모가 영세한 대부분의 우리나라 벤처금융 업체들은 스케일업을 위한 대규모 자금을 공급할 능력이 되지 않는다. 만약 국민펀드와 같은 대규모 벤처투자자금이 형성된다면 이러한 스케일업 투자가 충분히 가능해진다. 이에 대한 보다 구체적인 내용은 이 책의 제7장에서 다시 다룰 것이다.

한편, 민간 자금이 적극적으로 벤처시장에 들어오려면 투자금 회수를 용이하게 할 수 있는 방법도 필요하다. 벤처기업에 투자한 돈은 대개 해당 기업의 주식시장 상장(IPO)을 통해 되돌려 받게 되는데, 이 과정은 상당히 오랜 시간이 걸릴 수밖에 없다. 자금을 회수할 수도 없고 수익도 현실화되지 않은 상태에서 벤처투자와 같이 리스크가 큰 금융투자에 자금이 계속 묶여 있어야 한다면 투자자는 불안할 수밖에 없고, 이는 벤처투자를 꺼리는 원인이 된다. 이를 방지하기 위해서는 벤처자금에 투자했더라도 중간에 자금을 회수하거나 다른 방식으로 유동화할 수 있는 제도가 마련되어야 한다. 대표적인 것이 중간시장을 만들거나 활성화하는 것이다. 한국거래소에 상장되기 전에라도 투자한 벤처지분을 사고팔 수 있는 시장이 있다면 언제든지 자금을 회수할 수 있고 유동화할 수 있을 것이다. 원래 코스닥 시장이라는 것이 그런 목적에서 만들어진 것이었고 코스닥 시장으로 모자라자 코넥스 시장을 또 만들었던 것인데, 이러한 거래소들이 당초의 목적에 맞게 제대로 운영될 수 있도록 개선하는 것이 필요하다.

또한 펀드에 대한 집합투자기구(Business Development Company) 제도를 도입하는 것도 고려해 볼 수 있다. 집합투자기구란 금융기관과 투자자들이 모여 만든 벤처투자 펀드의 지분을 주식시장에서 일반 회사 주식을 거래하는 것처럼 거래할 수 있게 하는 제도이다. 이 제도 역시 벤처기업 투자금을 쉽게 회수하거나 유동화할 수 있게 한다. 이외에도 벤처기업들의 인수합병(M&A)을 보다 활발히 할 수 있는 제도도 중요하다. 벤처기업이 개발한 기술을 대기업이 인정하여 M&A를 통해 해당 기술사업을 인수하게 되면 굳이 상장을 거치지 않더라도 투자자들은 큰 수익을 얻을 수 있기 때문이다.

딥테크 등 혁신분야 스케일업 지원 강화

딥테크(deep-tech)는 앱 개발과 같이 비교적 쉽게 제품을 창출할 수 있는 기술이 아니라 고도의 기초 과학이나 공학을 바탕으로 만들어진 기술을 의미한다. 기술적 난이도와 진입 장벽이 높고, 기초 연구의 성과를 상용화하는 데 상당한 시간이 소요되지만 사업화에 성공할 경우 사회나 산업에 구조적인 변화를 가져올 가능성이 매우 큰 기술이며, 쉽게 말해 진짜 과학의 힘으로 세상을 바꾸는 기술이다. 예를 들어 최근 많이 알려진 양자컴퓨터는 기존의 상식을 뛰어넘는 방식이지만, 개발에 성공할 경우 현존하는 슈퍼컴퓨터보다 수억 배 빠른 계산속도를 가질 수 있다고 한다. 또 다른 예로 과거 유전자 조작이라고 불리었던 합성생물학은 유전자, 단백질 등의 생체 구성 요소를 표준화하여 새로운 생명체나 기능을 만들어 내는 것인데, 코로나 백신도 합성생물학을 사용해서 만들어졌으며, 플라스틱을 먹는 박테리아도 연구 중이다.

딥테크는 워낙 진입장벽이 높고 시간이 걸리는 까닭에 민간이 투자하기를 꺼려 하는 분야이다. 이 때문에 해외에서는 정부가 딥테크 관련 분야에 적극적으로 나서서 투자와 지원을 하는 사례가 많다([표 4-2]). 그러나 아직까지 우리나라에서는 딥테

딥테크 인큐베이팅	딥테크 엑셀러레이팅	딥테크 스케일업
· 기술이전촉진회사가 기술적 촉진을 위해 연간 8천만유로 자금 운영 · 딥테크 프로젝트의 인큐베이팅 촉진에 1.5억 유로 투자	· 4억 유로를 French Tech Seed프로그램에 투자 · 5년간 딥테크 스타트업에 연간 7천만 유로 지원	· 딥테크기업의 스케일업을 위해 '23년까지 13억 유로 투자하여 50억 유로의 레버리지 효과를 창출 · 직접투자, 간접투자 병행

[표 4-2] 해외 딥테크 지원 사례

자료: 아산나눔재산 · 과학기술정책연구원('21)

구분	독일	프랑스	캐나다	영국
펀드명칭	Deep Tech Future Fund(DTFF)	French Tech Sovereignty Fund	Deep Tech Venture Fund	Future Fund : Breakthrough
런칭시점	'21년	'20년	'21년	'21년
총운용규모	10억유로('21~'30)	1.5억유로	U$2억불	3.75백만파운드
투자분야	마켓리더가 될 수 있는 딥테크분야	퀀텀(양자), AI, 사이버보안 등	변혁적 기술 (Transformational technology)	Breakthrough technology
운용기관	KfW Capital	Bpifrance	BDC Capital	BBB Patient Capital
기타	공동투자 방식		펀드만기 12년	

[표 4-3] 해외 딥테크 전문펀드 구조

자료: 각 기관 웹사이트, 보도자료 참고하여 산업은행 작성

크에 대한 투자나 지원이 제대로 이루어지지 않고 있다.

정책적으로는 딥테크에 대한 장기적 투자전략을 수립하고 전략적 중요도와 파급력이 큰 기술을 중심으로 딥테크 지원 대상을 선정해야 한다. 이를 위해서는 혁신분야 지원을 위한 전담 투자·관리기구 설립이 필요하다. 또한 국민펀드 또는 시장투자자 모집 등을 통해 TSMC나 NVIDIA와 같은 데카콘 기업 이상의 성장을 이루는 것을 목표로 지원해야 한다. 이와 함께 대기업과 협업·상생을 통한 시너지 창출과 글로벌 빅테크로의 스케일업이 가능한 생태계를 조성하는 것 역시 중요하다.

지역 성장 엔진으로서의 중소벤처 · 스타트업

지역의 성장은 '모두의 성장'을 위한 핵심과제 중의 하나이다. 지역 성장의 원천은 지역 산업의 성장이다. 지역 산업이 성장하기 위한 방법은 여러 가지가 있을 수 있다. 이를테면 수도권에 있는 굴지의 대기업에 엄청난 혜택을 줘서 비수도권 지역으로 이전을 하는 방법도 있을 것이다. 그러나 지역에 있는 기업들이 스스로 혁신하고 성장하는 것이 무엇보다 중요하다. 혁신적인 아이디어를 가진 사람들이 지역에서 거점을 마련하고 지역 중소벤처기업으로서 성장하는 것이다. 이를 위해 정부에서는 중소벤처기업의 혁신이 지역에서 더욱 활발하게 이루어질 수 있도록 해야 한다. 이러한 정책이 효과를 거두려면 지역적 특색과 지역 산업 여건을 고려한 중소벤처 지원 전략을 수립하고 중소벤처 유치 및 혁신적 기업활동을 위한 유인구조를 마련하는 것이 중요하다.

구체적으로는 지역소재 대학과 지식산업센터를 지역 R&D 거점으로 집중 육성할 필요가 있다. 또한 수도권에 집중된 벤처투자를 비수도권으로 확산할 수 있도록 여러 가지 유인 장치를 마련하는 것도 중요하다. 이를테면 세금과 관련해서 우대를 해주거나 앞서 언급했던 규제 샌드박스 등을 적극적으로 도입하는 것 등을 생각할 수 있다. 이와 함께 지역 스타트업 자치제도를 운영하며 비수도권에 엔젤투자 허브와 스타트업 파크를 구축할 필요가 있다. 특히 투자 허브와 스타트업 파크 등은 AI 고속도로에서 각 지역에 산업별로 만들어질 AI+X 허브를 중심으로 구축함으로써 중소벤처로 하여금 AI에 기반한 기술 사업화를 용이하게 할 수 있도록 하는 것이 바람직하다. 이와 함께 현행 스타트업 인큐베이팅 제도인 팁스(TIPS) 프로그램을 비수도권 중심으로 운영하고 정부·지자체·금융기관·지역사회가 함께 참여하는 지역성장펀드도 확대하여 비수도권 지역에 보다 벤처 스타트업에 호의적인 환경을 조성할 필요도 있다.

기술주도성장을 위한 혁신적 연구개발

저출산·고령화로 인해 생산가능인구가 감소하는 가운데 지속적으로 하락하고 있는 잠재성장률을 높이기 위해서는 '총요소생산성(TFP)' 향상, 즉 기술혁신을 통한 생산성 제고가 필요하다. 총요소생산성의 증감을 결정하는 요인은 인적자본과 노동의 질이나 제도와 기업 경영의 효율성 등 다양하지만, 그중에서 과학기술 기반의 연구개발(R&D)은 생산성을 끌어올릴 가장 핵심적인 수단이다.

〈제1차 기술진흥 5개년 계획〉(1962~1966년)이 상징하듯이, 한국은 〈경제개발 5개년 계획〉을 통한 산업화의 시작부터 기술력 확보를 경제성장의 주요 전략으로 삼았다. 이에 이어서 과학기술처(1967년), 한국과학기술연구소(1966년), 한국과학원(1973년), 한국과학재단(1977년)과 같이 과학기술의 진흥을 담당할 수 있는 정부부처와 연구·교육·지원기관이 차례로 설립되었다. 1980년대 이후의 과학기술정책은 과학기술의 위상을 강화하면서 연구개발활동을 본격적으로 지원하는 것을 중심으로 추진되었다. 특히, 1980년대 이후에는 국가연구개발사업을 통해 과학기술이 국가 차원에서 직접적인 방식으로 관리되기 시작했으며 정부출연연구기관 이외에 기업과 대학이 연구개발을 담당하는 중요한 주체로 부상하였다.[31] 산업화 초기의 기술력 확보 전략은 주로 외국 기술의 도입 및 모방이었으나, 한국은 기술인력의 양성 및 훈련 정책과 연구개발에 대한 투자를 통해 선진국과의 기술 격차를 줄이며 빠르게 성장할 수 있었다.

1985년 정부예산 중 2.8%에 불과했던 과학기술예산은 꾸준히 증가해 세계 최고 수준에 도달했다. 2024년 OECD MSTI(Main Science and Technology Indicators)에 따르면 한국의 GDP 대비 연구개발 예산 비율은 이스라엘(6.02%)에 이어 2위(4.96%)로 OECD 평균 (2.73%)의 2배 수준이며, 증가 속도도 주요 선진국에 비해 빨랐다.

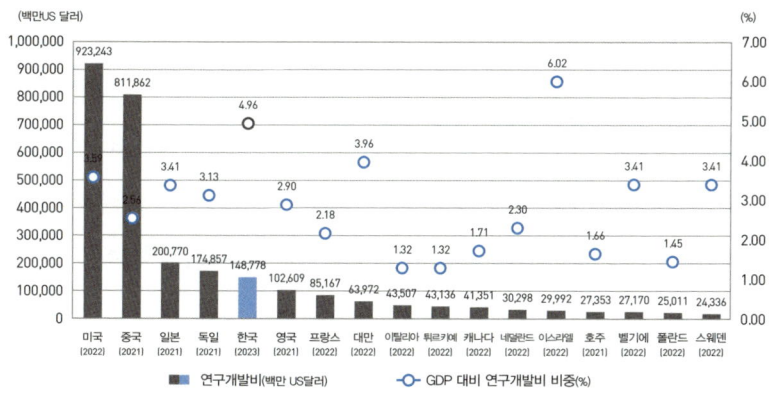

[그림 4-4] **연구개발비 국제비교**

자료: OECD(2024a), Main Science and Technology Indicators July, 과학기술정보통신부(2024)에서 재인용

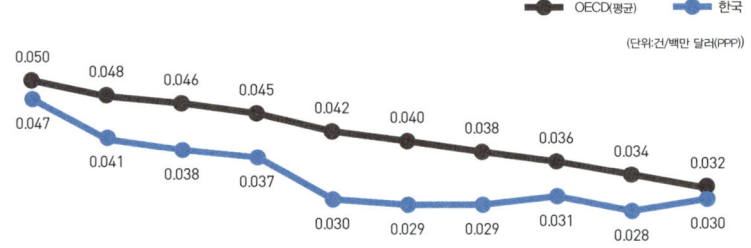

[그림 4-5] R&D 투자 대비 특허 추이

주: OECD MSTI triadic patent family 기준
자료: OECD MSTI 데이터를 전국경제인연합(2022) 활용

예산 투입의 수준에 비해 저조한 최근의 연구개발 성과는 '한국 R&D 패러독스'라고까지 불리고 있다. 몇 가지 지표를 살펴보면, R&D 투자 대비 특허 건수와 지식재산사용료 비중은 OECD 평균을 하회하고, 2017년~2021년 논문당 평균 피인용 횟수는 8.53회로 OECD 국가 중 30위에 불과했다.[32]

또한 선도 기술력을 보유한 분야는 감소하고 연구의 질적 수준은 정체되고 있다. 한국의 선도기술 수는 2012년 36개에서 2020년 4개로 감소했고, 피인용 상위 1% 논문 수로 집계한 국가별 순위는 2012년 15위에서 2021년 14위로 정체했다.[33]

2024년 8월 '네이처'는 '네이처 인덱스' 특집호를 통해 "한국은 다른 주요 국가들에 비해 인구당 연구자 비율이 높고 다른 선도국보다 R&D에 많은 투자가 이뤄지고 있지만 연구 성과는 놀라울 정도로 낮다"고 평가하기도 했다.[34]

민간부문 연구개발 활동 또한 혁신성이 낮고 기업 간 격차가 크다. 한국의 전체 혁신기업 비율은 OECD 국가들 중 가장 낮고,[35] 많은 기업들이 여전히 파괴적 혁신보다는 점진적 혁신에 중점을 두고 있으며, 국제공동특허수 등에서 볼 수 있듯이 혁신의 국제화가 부족하다. 또한 대기업과 중소기업 간 혁신 격차가 다른 나라들보다 더 심각하고, ICT 산업과 비ICT 산업 간 R&D 및 생산성의 격차가 확대되고 있다. 중소기업 R&D 성공률이 2014년~2021년 사이 평균 92.7%로 높으나, 이는 모험적인 과제가 제안·선정되지 않았거나 평가기준이 달성하기 쉬운 정량 지표이었기 때문일 수 있다. 실제로 R&D 사업화 성공률은 50.6%에 그쳤다.[36]

한국 경제의 성장률 및 생산성 저하와 세계 주요국들의 적극적 산업정책 추진에도 불구하고 지난 정부는 정부 연구개발 투자 규모 감축이라는 잘못된 방향으로 대응했다. R&D 예산이 일괄적으로 감축되면서 많은 과학기술 연구사업이 중지되거나 축소되었고 이는 궁극적인 산업발전을 크게 저해하는 요인이 되었다. 전체 R&D 투자 중 70% 이상을 차지하는 기업 투자 증가율이 2000년대 초반 대비 절반 수준으로 하락하는 등 최근 민간 투자의 증가율이 둔화되는 상황에서 지금은 그 어느 때보다 국가적인 혁신 활동이 필요하며, 예산 삭감으로 효율적인 R&D 정책 집행을 도모할 수는 없다. 새 정부에서는 위축된 정부 R&D 예산을 되돌려 증가시키고 미래 전략 기술 분야와 원천 기술 R&D를 안정적으로 지원하겠다는 계획을 제시하고 있다. 이와 함께 정부 R&D의 효율성을 극대화할 수 있도록 거버넌스 개혁과 연구 환경의 획기적 개선을 추진해야 한다. 다음에서는 검토해 볼만한 구체적인 실행과제들을 ①안정적 R&D 예산 마련, ②국가 R&D 거버넌스 개혁, ③연구 몰입 환경 조성, ④청년 과학기술 인력 지원확대, ⑤지역 R&D 역량 증진으로 나누어 살펴본다.

과학기술 혁신생태계 확립을 위한 실행과제

산업발전을 위한 적극적 국가혁신활동의 기초는 정부 R&D 투자이다. 2023년 6월 국가재정전략회의에서 나온 대통령의 "나눠먹기식, 갈라먹기식 R&D는 제로 베이스에서 재검토할 필요가 있다"라는 발언 한마디에 과학기술정보통신부가 국가연구개발사업 예산 배분·조정 내역을 재조정했고, 국가 R&D 예산은 결국 전년 대비 13.9% 줄어들게 되었다. 그러나 우리나라 R&D 투자의 비효율성은 예산 축소로 해결할 수 있는 문제가 아니고, 예산 집행 방식의 비효율성과 전략의 부재에서 비롯되었다고 보아야 한다. R&D 예산 축소에 대한 거센 비판에 직면한 정부와 여당은 2025년 예산을 다시 늘렸으나, 총지출대비 4.0%까지 떨어진 비율을 0.3%p 올리는 데 불과했다([표 4-4]). 기술주도의 성장을 위해서는 축소된 R&D 예산을 복원하는 데서 나아가 R&D 투자액을 국가 지출예산 대비 일정 수준 이상으로 유지할 필요가 있다. 이재명 대통령 취임 이후 정부는 2026년도 국가 R&D 예산을 역대 최대 규모인 35.3조 원으로 편성했고, 국정기획위원회는 정부의 연구개발투자가 국가 총지출의 5% 이상이 되도록 하는 내용의 법안을 발의했다.

사업화기술 분야 외에 기초 원천분야 R&D에 대한 투자 역시 안정적으로 유지함으로써 도전적이고 장기적인 연구를 장려하여 기술혁신의 근간을 다지며, 혁신성장을 견인할 미래형 창의인재를 양성해야 한다. 이를 위해 전체 국가 R&D 지출 중 기초원천분야 R&D 예산의 최소 비중을 법으로 규정하는 것까지는 아니더라도 일종의 관행이 될 수 있도록 예산 배분에 반영할 필요가 있을 것이다. 모험적이지만 성공 시 큰 보상을 얻을 수 있는 과제에 투자를 늘리는 것과 함께 평가 및 관리를 차별화·자율

연도	R&D투자(조원)	정부총지출(조원)	총지출대비 비율(%)
2014	17.8	355.8	5.0%
2015	18.9	375.4	5.0%
2016	19.1	386.4	4.9%
2017	19.5	400.5	4.9%
2018	19.7	428.8	4.6%
2019	20.5	469.6	4.4%
2020	24.2	512.3	4.7%
2021	27.4	558.0	4.9%
2022	29.8	607.7	4.9%
2023	29.3	638.7	4.6%
2024	26.5	656.6	4.0%
2025	29.7	687.1	4.3%

[표 4-4] R&D 예산과 투자액, GDP대비 비율 추이
자료: 기획재정부

화할 필요가 있다. 단순히 기초·모험 과제의 규모를 늘리는 것만이 아니라 PBS 제도 개선, 평가제도 개선 등을 통해 "기초·모험 연구를 해도 손해 보지 않는" 연구개발 체계를 구축해야 한다.

혁신적인 과학기술 생태계 조성을 위해 가장 중요한 과제 중 하나는 거버넌스 체계를 개혁하는 것이다. 많은 과학기술 연구자들은 현재의 관료주도형 거버넌스 체계가 연구자들의 창의

성 발현과 실용적 연구성과의 산출을 가로막는 주된 요인이라고 지적하고 있다. 따라서 새 정부에서는 과학기술자들의 혁신적 연구활동을 보다 적극적으로 유도할 수 있는 거버넌스 체계의 개혁이 반드시 필요하다. 거버넌스 개혁의 방향은 국가의 난제들을 해결하기 위한 전략적 과학기술정책 수립의 컨트롤타워 체계를 구축하는 것과 국가 R&D 지원 체계를 민간 전문가 중심의 개방형 체계로 전환하는 것으로 설정되어야 한다.

보다 구체적으로, 국가 R&D 전략 수립 시 과학기술과 산업정책을 연계하도록 과학기술 컨트롤타워를 설치하여, 현재 부처별로 분산되어 있는 R&D 지원 체제를 집중시킬 필요가 있다. 저성장과 국가 간 기술경쟁 심화의 환경하에서 정부가 이른바 '전략산업'을 육성지원하는 것은 필요하지만, 체계적이고 효과적인 연구개발이 이루어지기 위해서는 국가 차원의 '종합적 기술전략' 수립이 필요하다.

R&D 전략 수립 과정에는 민간 전문가의 실질적 참여를 보장하여 전문성과 개방성을 강화해야 한다. 무엇보다 중요한 것은 정부 R&D 체계를 수요자인 산업계와 연구자 중심으로 전환하는 것이다. 한국의 연구개발 패러독스는 과학기술계의 '카르텔'보다는 정부의 과도한 간섭으로 인한 정책 부작용에 더 큰 책임이 있다고 보는 시각도 있다. 정부는 거의 모든 기술혁신 이슈

에 개입하여 진흥과 규제를 시도하고 있으며, 정부연구개발을 관리하는 부처 및 기관은 30개가 넘으며, 매년 900여 개의 사업, 6만여 개의 과제를 관리하고 있다. OECD(2014)는 일찍이 한국의 혁신정책은 적극적인 정책 개입주의(considerable policy activism)이라 특징 지은 바 있는데, 이러한 관행은 여전히 남아 있다. 정부의 과도한 개입은 민간의 혁신성 발현을 제한하고 있으며, 정부의 역량 부족과 함께 유사 정책의 중복으로 인해 전략성 훼손과 자원 소모를 초래한다. 또한 정부의 과도한 주도권 행사로 인해 지대 추구(rent seeking) 등의 부작용이 발생하고 연구 혁신 현장과의 괴리가 지속될 수 있다.

정부의 역량은 당면한 과제해결과 미래의 국가번영을 위한 과학기술 전략을 수립해 제시하고 이를 달성하기 위해 연구자의 역량을 극대화할 수 있도록 지원하는 데 집중되어야 한다. 앞으로의 국가 R&D 체계는 기획을 포함한 전 과정을 산업과 연구자 중심으로 전환하는 방향으로 과감하게 개혁되어야 한다. 이와 함께 단순한 기술개발 중심의 R&D 사업이 아니라 인력양성, 실증, 사업화, 국제협력 등이 유기적으로 연계되도록 지원 및 성과관리체계를 구성하여야 한다.

과학기술연구의 성과를 높이기 위해서는 과학기술인들이 연구에 몰입할 수 있는 환경을 만들어 주는 것이 필수적이다. 이를 위해서는 우선 정부출연연구기관 소속 연구자의 연구역량 극대화를 위한 구조개편 등 혁신방안을 마련할 필요가 있다. 여기에는 국가과학기술연구회 이사에 산업현장 전문가 및 연구자를 포함하는 것 등 자율성 강화를 위한 구조 개편이 포함될 수 있다. 또 국가과학기술연구회의 출연연 정책의 재정비, 정책수립 및 연구분야 조정기능을 강화하는 방안도 모색해야 한다.

앞서 서술한 바와 같이 R&D 정책 수립과 기획, 평가에 현장 연구자들의 목소리를 대폭 반영하는 것도 중요하다. 이는 R&D 정책의 수립과 집행과정에서 연구자들의 의견이 보다 효율적으로 반영될 수 있도록 제도를 개선하는 것을 포함한다. 이와 함께 경력보유 여성과학기술인 및 은퇴 과학인을 포함한 미활용 연구인력의 활용 및 역량 강화와 경력전환 등을 통해 과학기술인 역량의 활용성을 극대화하는 것도 추진할 필요가 있다. 한국의 연구원 수는 다른 나라에 비해 적지 않다. 연구참여비중을 고려한 상근에 상당하는 연구원은 세계 4위이고 경제활동인구 천 명당 연구원 수로는 세계 1위이다. 그러나 전체 연구원 중 대학과 공동연구기관 소속 연구원의 비중은 주요국 중에는 가장 낮고 기업체 연구원 비중이 높아 국가전략적 기술개발 역량은 상대적으로 높지 않다. 예를 들어 중국은 상근상당 연구원 264만여 명 (2022년 기준) 중 41.7%가 대학 또는 공공연구기관에 소속되어

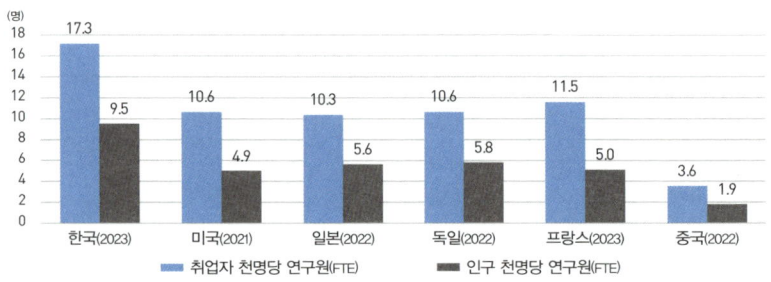

[그림 4-7] **주요국 인구 및 취업자 천 명당 연구원(FTE 기준)**
자료: OECD(2024a), 과학기술정보통신부(2024a)에서 재인용

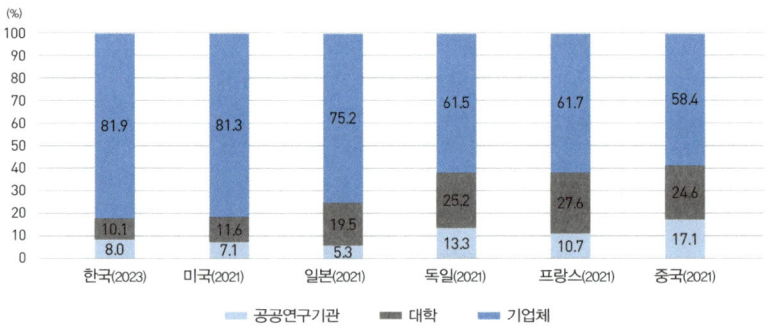

[그림 4-8] **주요국 연구수행주체별 연구원 비중(FTE 기준)**
자료: OECD(2024b), 과학기술정보통신부(2024a)에서 재인용

있는 데 반해 한국은 49만여 명 중 18.1%에 불과하다.

현재와 같이 과학기술에 대한 선호도가 계속 하락하고 있는 상황에서 우수한 과학기술인재 양성은 요원할 수밖에 없다. 선호도의 하락은 여러 가지 사회경제적 요인에 의한 것이나 분명히 과학기술인재에 대한 처우가 매력적이지 않은 것도 중요한 요인 중 하나일 것이다. 따라서 산업 대전환과 과학기술 혁신을 이끌 청년과학기술 인력에 대한 지원을 대폭 확대하는 정책을 추진해야 한다. 구체적으로, 신임교원, 박사후 연구원, 학생연구원 등 신진연구자들의 연구 안정성 확보를 위한 법적·재정적 지원을 확대하여야 한다. 이와 함께 청년 과학기술인들도 창업을 통한 R&D의 사업화를 통해 시장에서 기술을 인정받고 성공할 경우 M&A나 상장 등을 통해 부의 창출로 이어질 수 있는 체계가 마련되어야 한다. 이를 위해 벤처시장의 활성화와 함께 기술기반 청년창업에 대해 세제를 포함한 다양한 혜택을 강화할 필요가 있다.

지역 성장은 공기업 이전과 같은 단순한 방식으로는 달성되기 어려우며, 종합적이고 전방위적인 지원을 통한 산업발전과 일자리 창출이 필요하다. 이를 위해서는 혁신의 토대가 되는 지역 과학기술 및 R&D 역량을 강화하는 것 역시 중요하다. 현재 연구개발 역량은 수도권에 집중되어 있어서 2023년 기준 수도권 지역의 연구원 비중은 전체의 67.0%, 대전 지역은 6.6%, 그 외 지역은 26.4%에 불과하다. 추세적으로 볼 때도 수도권 지역의 연구원 비중은 2019년 대비 1.8%p 증가했으나, 대전은 0.3%p 감소, 그 외 지역은 1.5%p 감소했다([그림 4-9]).

연구개발비에서도 2023년 기준 총 연구개발비 119조 740

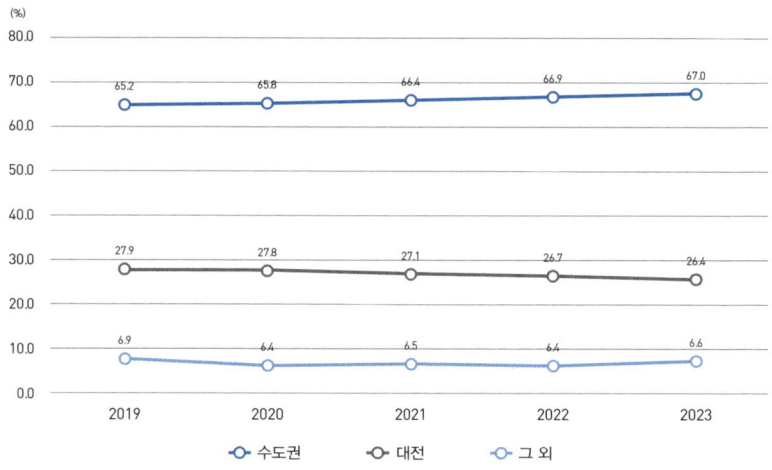

[그림 4-9] 우리나라 수도권, 대전 및 그 외 지역 연구원 비중 추이
자료: 과학기술정보통신부(2024a)

억 중 경기(61조 981억 원, 51.3%), 서울(18조 8,712억 원, 15.8%), 대전(11조 851억 원, 9.3%)를 제외한 지역의 연구개발비 비중은 23.6%에 지나지 않았다. 국가연구개발사업에 대한 수도권과 대전 이외 지역의 투자 비중은 37.6%로 높으나 (2023년 기준), 점차 감소하는 추세이다.

상대적으로 낮은 연구개발 투입에 비례해 지역의 과학기술역량도 수도권과 대전에 비해 떨어진다. 한국과학기술기획평가원(KISTEP)이 개발한 지역 과학기술혁신 역량지수인 R-COSTII (Regional COmposite Science and Technology Innovation

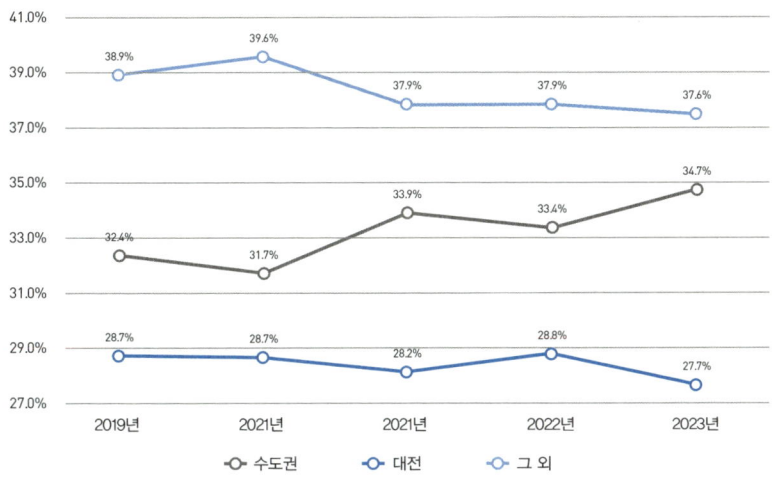

[그림 4-10] 지역 별 국가연구개발사업 투자 비중 비교
자료: 각 년도 국가연구개발사업 조사분석, 과학기술정보통신부(2024c)에서 재인용

Index)를 보면 경기, 서울, 대전만 평균 이상이고, 그 외 지역은 대전의 절반이 되지 않는다.

지역의 과학기술 혁신역량을 증진시키기 위해서는 우선 R&D 지원에서 지역 자율성을 강화할 필요가 있다. 구체적으로는 메가시티, 혁신 클러스터, 특성화 산업단지 등과 연계한 R&D 인프라를 확충해야 한다. 또한 지역거점 국립대와 과학기술원, 세계 유수 대학이 협력할 수 있는 글로벌 공동연구 허브 구축을 지원해야 한다. 지자체가 자율성을 갖고 R&D 투자의 방향을 설정할 수 있도록 '지역 자율 R&D' 체제 수립과 지역에서 자율적

		R-COSTII(단위: 점)					순위				
		2018	2019	2020	2021	2022	2018	2019	2020	2021	2022
1	경기	15,973	15,841	16,843	16,204	16,714	1	1	1	1	1
2	서울	15,172	15,164	15,382	15,148	16,032	2	2	2	2	2
3	대전	14,713	14,225	14,242	13,640	13,148	3	3	3	3	3
평균		7,901	7,880	7,992	7,320	7,208					
4	경북	8,884	8,817	8,393	7,019	6,771	4	4	4	4	4
5	충남	7,105	7,085	7,040	6,753	6,691	6	8	7	7	5
6	부산	6,685	7,096	7,389	6,761	6,243	10	7	6	6	6
7	울산	7,503	7,342	7,735	6,818	6,138	5	5	5	5	7
8	인천	6,796	6,814	6,549	6,009	6,071	8	9	10	9	8
9	전북	5,688	6,412	6,488	6,071	5,852	14	11	11	8	9
10	충북	7,004	7,114	6,861	5,766	5,818	7	6	8	11	10
11	광주	6,696	6,561	6,471	5,593	5,765	9	10	12	12	11
12	경남	5,750	5,790	6,609	5,912	5,211	13	13	9	10	12
13	대구	6,548	6,365	5,947	5,388	5,161	11	12	13	13	13
14	강원	4,534	5,046	5,260	4,578	4,788	16	16	15	15	14
15	전남	5,509	5,529	5,440	5,121	4,467	15	14	14	14	15
16	세종	5,978	5,178	5,213	4,420	4,095	12	15	16	16	16
17	제주	3,776	3,578	3,994	3,233	3,576	17	17	17	17	17

[표 4-5] **지역 과학기술역량(R-COSTII)의 지역별 지수 및 순위 변화**
자료: KISTEP 통계브리프, 2022년 지역 과학기술혁신 역량평가 결과

으로 지원하는 블록 펀딩 연구비 등 다양한 방법도 추진할 필요가 있다.

5

**지역성장과
국토공간 혁신**

경제성장과 국가균형발전

한국의 지역 간 불균형 문제는 모두가 심각성을 공감하지만 오랫동안 해결하지 못한 난제이다. 과거 개발연대 시기 정부의 성장 거점 육성 정책은 한국 경제를 빠르게 성장시켰지만, 수도권과 비수도권 간 격차를 크게 벌려 놓았다. 국토 면적의 11.8%에 불과한 수도권 인구 비중은 지속적으로 상승해 현재 전국 인구의 약 절반인 50.8%에 달한다. 특히 청년층의 서울 집중은 지방의 고령화·소멸 위험을 심화시키고 있다. 수도권의 경제력 집중은 인구 집중보다 더 크다. 수도권의 GRDP(지역내총생산) 비중은 지속적으로 높아져 왔고, 50%를 넘어선 2014년 이후로는 그 비중이 더 빠르게 증가해 2024년에는 약 52.3%에 달했다. 반면 남부권(경상·전라·제주)의 GRDP 비중은 같은 속도로 하락하고 있다([그림 5-1]). 취업자 수도 인구 수와 비례해 수도권

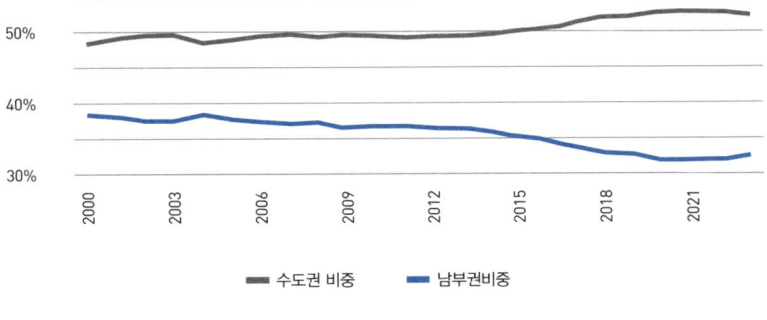

[그림 5-1] **수도권과 남부권의 GRDP 비중 추이**
자료: 통계청

의 취업자 수 비중은 2025년 4월 기준 51%에 달한다.[37] 취업자 수의 격차보다 더 심각한 것은 지역 간 일자리 질의 격차, 즉 첨단 산업과 양질의 일자리가 주로 수도권에 집중되어 있다는 것이다. 2023년 매출액 기준 전국 1,000대 기업 중 수도권에 본사를 둔 기업의 비중은 74.4%이고 이들 기업들의 매출비중은 85.1%로 더 높다.[38]

공공 인프라와 서비스의 차이도 커서 질 높은 의료, 교육, 문화, 교통 등의 서비스가 수도권에 집중되어 지역 주민의 삶의 질 격차가 크다. 수도권에는 고속철도, 지하철 등 대중교통망이 밀집하고 문화시설·대형병원·대학 등의 자원이 풍부한 반면, 많은 지방 중소도시는 인구 감소로 기반 시설 유지에 어려움을 겪는다. 예를 들어 2024년 기준 서울의 인구밀도는 15,521명/km^2로 매우 높지만, 전남·강원 일부 지역은 100명/km^2 이하에 불과하여 생활 SOC 투자 효율성이 낮고 민간 서비스도 부족한 실정이다. 전국적으로 소멸 위험에 처한 지역이 증가하고 있으며, 2024년 현재 지역의 228개 시군구 중 105개가 소멸위험지역으로 분류되어 있다. 수도권 외 지역의 낮아지는 인구밀도는 지역 기반 시설 유치의 효율성을 낮추고, 기반 시설의 부족은 다시 인구 감소를 부르는 악순환이 발생할 경우 더 빠르게 인구소멸이 일어날 수도 있다.

특히 최근의 전통산업 위기는 지역의 러스트벨트화로 이어질 위험성을 갖고 있다. 러스트벨트(Rust Belt)란 한때 미국 제조업의 호황을 구가했던 중심지였지만 20세기 후반부터 제조업 부문의 쇠퇴로 불황을 맞이한 미국의 미시간, 인디애나, 오하이오, 펜실베니아 주 등을 일컫는다.

제조업 경쟁력 위기는 핵심 산업도시의 쇠퇴와 연결되어 국토의 균형 있는 발전을 침식하고 있다. 인천, 군산 등 주요 산업도시의 제조업 기반은 무너질 위기에 있고 구미, 울산, 포항, 창원, 광양 등 핵심 산업단지의 경쟁력은 크게 약화되고 있다. 2024년의 전국 기준 제조업생산지수는 2010년 대비 약 28% 상승했는데, [그림 5-2]에서 볼 수 있듯이 경기도가 2.4배, 충북 1.8배, 인천 1.6배, 충남 1.5배로 수도권에 가까운 지역에서 높

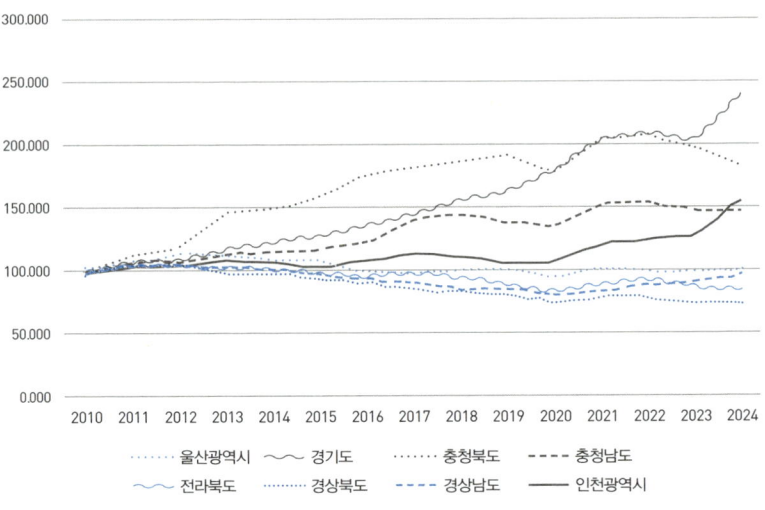

[그림 5-2] 지역별 제조업생산지수 추이(2010년=100)
자료: 통계청

아진 반면, 울산, 경남, 전북, 경북 지역은 정체 또는 오히려 하락했다. 제조업 경쟁력 상실은 양질의 일자리 소멸로 이어지고, 일자리 부족으로 인한 노동력의 유출은 추가적인 제조업 경쟁력 약화의 요인이 되는 악순환이 가시화되고 있다. 산업 도시의 연쇄적 러스트벨트화는 국가 경제의 근간을 흔드는 치명적 위험이 될 수 있다.

현재의 과도한 수도권 집중과 지역 간 격차는 국토활용의 비효율성을 유발한다. 과도한 수도권 밀집은 주거 및 생활비용의 증가를 야기하고, 이는 과도한 경쟁과 사업비용 증가, 나아가

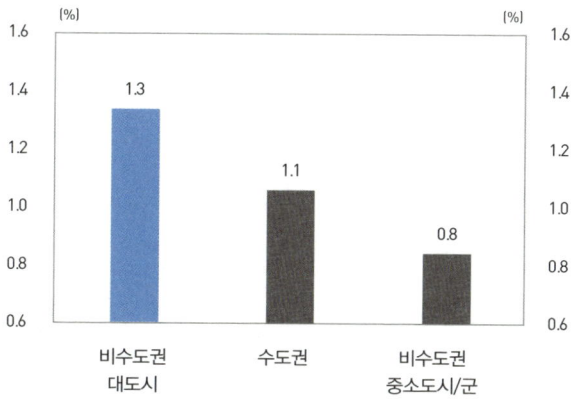

[그림 5-3] **지역별 제조업생산지수 추이(2010년=100)**
주: 1) 시도별로 생산성 1% 상승 시 GDP 효과를 도출한 후 비교를 위해 규모효과 조정
2) 3개 그룹별 GDP 효과는 해당 시도들의 평균 GDP효과를 의미
자료: 한국은행(2024)

낮은 출산율의 원인이 된다. 따라서 지역성장은 국토공간 활용의 효율성을 높이고, 경제 전체의 성장에 크게 기여할 수 있다. 한국은행의 최근 연구에서는 비수도권 대도시의 생산성 1% 상승은 수도권 생산성이 1% 개선될 때보다 전국 GDP를 약 20% 가량 더 증가시키는 것으로 나타났다.

노무현 정부에서 강력하고 체계적인 국가균형발전 정책이 추진된 이래로,[39] 강도와 수단에서는 다소 차이가 있었으나 역대 모든 정권에서는 공공기관 이전, 혁신도시·혁신클러스터 조성, 지역 일자리 창출, 정주여건 개선 등의 지역발전 정책을 폈다. 지금까지 지역 정책이 낙후 지역의 발전과 지역 간 균형에 초점이 맞춰져 있었다면 앞으로의 지역 정책은 지역자치의 강화 및 생활문화 환경 개선과 함께 지역 성장 잠재력 제고 및 경제 활성화를 우선적인 목표로 추진되어야 한다.

한국 국가균형발전 정책의 성과와 한계

2000년대 들어 본격화된 국가균형발전 정책은 수도권 집중 억제와 지방 성장 촉진이라는 두 가지 축을 중심으로 전개되었다. 노무현 정부 시절 국가균형발전 전략이 국가 의제화된 이후, 역대 정부별로 여러 제도와 사업이 시행되었다. 2003년 참여정부는 국가균형발전특별법을 제정하고 2005년 수도권 공공기관 이전계획을 수립해 153개를 선정된 12개 지방 도시로 이전하기 시작했다. 이전 기관들의 클러스터를 중심으로 각 지역의 특화 발전을 도모하기 위해 혁신도시가 조성되었는데, 예컨대 전북혁신도시에는 농생명·금융 관련 기관들이, 광주·전남혁신도시에는 에너지 공기업들이 이전하는 식으로 지역별 전문산업 클러스터를 지향했다. 혁신도시 조성과 함께 1차 공공기관 이전은 2019년 12월에 완료되었고, 세종특별자치시(행정중심복합도시)에 중앙행정기관 다수가 이전하는 등 행정수도의 일부 기능도

옮겨졌다.

공공기관 이전과 더불어 민간 부문의 지역 투자를 촉진하기 위한 다양한 정책도 시행되었다. 노무현 정부는 몇몇 비수도권 중소도시에 민간 기업 중심의 기업도시를 지정하기도 했으며, 각 지역별로 경제자유구역을 지정하여 외국인 투자와 산업단지 개발을 장려했다. 이명박 정부 시기에는 국가균형발전위원회를 지역발전위원회로 개편하고, 전국을 5+2개의 광역경제권, 즉 5대 광역경제권(수도권, 충청권, 호남권, 대경권, 동남권)과 2대 특별광역경제권(강원권, 제주특별자치도)으로 구분한 뒤 지역별 특성화 산업 육성을 지원하였다. 예를 들어 충청권의 바이오산업, 동남권(부산·울산·경남)의 해양플랜트 등 광역경제권 선도산업을 선정하여 집중 육성한 바 있다. 박근혜 정부는 광역단위의 정책 기조를 폐기하고 지역협력에 기반한 '지역행복생활권' 정책을 추진하여 인접 시·군을 생활권 단위로 묶어 생활 SOC를 확충하고자 했다.

문재인 정부는 2020년 발표한 한국판 뉴딜을 지역으로 확산시키는 지역균형 뉴딜을 추진하였다. 이는 디지털·그린 뉴딜 프로젝트를 각 지역의 산업·인프라와 연계하여 지역 주도의 혁신 사업으로 발전시키려는 전략이었다. 문재인 정부의 균형발전 공간단위는 기본적으로 기초지자체였으나, 2021년에는 광역자치단체 간 경계를 넘어 협력하는 초광역 프로젝트를 지원하기 시작했다. 부산·울산·경남이 추진한 부울경 메가시티 구상이 그 예이며, 국가균형발전특별회계를 통해 광역권 인프라 구축과 공동경제권 형성을 뒷받침하였다. 한편, 인구 감소지역 지원 특별법 제정으로 2022년부터 인구 급감 지역에 지방소멸대응기금이 신설되어, 향후 10년간 1조 원대의 재원이 89개 지자체에 매년 배분되기 시작했다. 이는 지방자치단체가 자체적인 인구 활력 증진 사업을 추진하도록 재정을 지원하는 새로운 시도이다.

현재까지의 국가균형발전 정책은 일부 성과도 낳았지만 그 범위는 제한적이었다. 공공기관 지방이전과 혁신도시 조성으로 지방에 새로운 인구와 일자리 유입이 이루어져, 2017년~2022년 사이 혁신도시 총 인구는 약 5만 8천 명이 증가하는 성과가 있었다.[40] 가족동반 이주율 증가(기혼자 55.7% 동반 이주 등)도 긍정적 변화로 꼽힌다. 혁신도시 이전 공공기관의 지역 인재 채용 의무화(목표 30%)를 통해 지방대 출신 청년의 채용 기회가 확대되는 효과도 거두었다.

그러나 공공기관 이전만으로 지역 자립형 경제생태계를 만드는 데는 한계가 있다는 평가가 있다. 일부 혁신도시는 이전 공기업에 의존한 관계 인구만 늘었을 뿐 민간 기업 유치가 미흡하여 산업 클러스터 형성이 미진했다. 2005년에 균형발전특별회

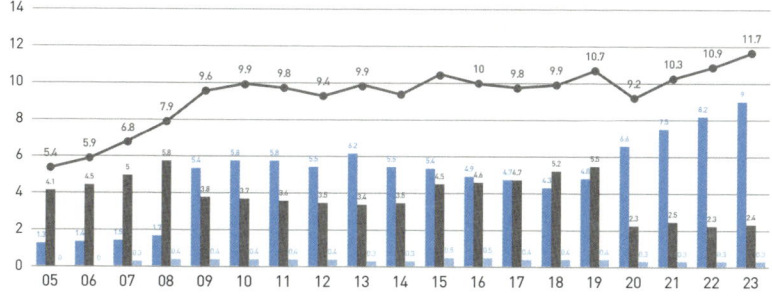

[그림 5-4] 균형발전특별회계사업 예산 추이 (단위: 조원)
자료: 지방시대위원회

계가 도입된 이후 그 규모가 꾸준히 증가해 2023년에는 예산이 11.7조에 달했다.

이에 따라 도로·항만·철도 등 인프라뿐만 아니라 문화·복지시설, 지역 전략산업 육성, 지방 대학 지원 등 폭넓은 분야에 재원이 배분되었다. 낙후된 농산어촌 지역의 상하수도·의료시설 확충, 지역 도시들의 도시재생 및 생활환경 개선 등도 이루어졌다. 오지 마을에 버스가 다니고, 지방 중소도시에도 복합문화센터나 혁신거점시설 등이 들어서는 등 균형발전특별회계가 주민 삶의 질 향상에 기여한 측면은 있다. 그러나 거대한 재정 투입 대비 성과가 체감되지 않는다는 비판도 존재한다. 앞서 보았듯이 균형발전을 위한 재정투입에도 불구하고 수도권과 비수도권 간 인구와 경제력의 격차는 더 커지고 있고, 수도권 일극체제는 더욱 공고화되고 있다.

5극-3특 체제와 지역 행정체계 개편

국가균형발전은 인구 및 산업의 수도권 집중과 지역 간 격차 문제를 해소하기 위한 정책 및 제도와 관련되어 있으며, 헌법 제119조 제2항, 제120조 제2항, 제122조, 제123조 제2항에 근거한다. 국가균형발전전략을 추진하기 위해서는 자치분권의 강화와 지역주도 행정체계 개편이 선행되어야 한다. 이를 위해 5극 초광역권-3개 특별자치도('5극-3특') 체제를 구축하고 지역자치제도를 강화하여 균형발전의 토대를 마련한다.

이재명 대통령은 2022년 대선 과정에서 이미 '5극3특 균형발전' 구상을 핵심 공약으로 제시하면서, 이를 통해 국토 공간 구조 자체를 근본적으로 바꾸고 지역불균형 문제를 해결하겠다는 의지를 표명한 바 있다. '5극3특' 체계의 비전은 수도권 과밀 해소와 전국 어디서나 살기 좋은 대한민국을 만드는 것이다. 이를 위해 광역권 간 초광역 협력으로 성장거점을 육성하고, 낙후된 지역에는 특별자치도의 지위를 부여하여 자율권과 재정지원을 강화하며, 행정수도 완성과 2차 공공기관 이전 등 국가주도 정책을 결합하는 입체적 균형발전 전략을 추구한다.

[그림 5-5] 5극 3특 체계도

    이재명 정부는 출범 직후 국정기획위원회 산하에 '국가균형성장특별위원회'를 구성해 '5극3특 추진 로드맵'을 마련하고 있다. 아울러 기존의 지방시대위원회도 5극3특 전략을 통한 초광역 협력과 권역별 메가시티의 추진을 공언했다.[41] '5극3특' 구상의 추진을 위해서는 대통령을 정점으로 한 중앙 컨트롤타워-부처별 실행 계획-지방정부 현장 추진으로 이어지는 다층적 거버넌스 구축이 필요할 것이다. 또한 5대 초광역권별 특별지방자치단체를 구성하고 3대 특별자치도의 자치권한 및 경쟁력을 강화할 수 있는 특별법 개정도 추진할 필요가 있다.

민주당은 제21대 대통령 선거에서 5극3특 전략 외에 국가균형발전을 위한 행정체계 정비와 관련해 공약을 제시한 바 있다. 국회 세종의사당과 대통령 세종 집무실 건립도 그중 하나로, 최근 이대통령은 조속한 건립 의지를 밝혔다. 그 밖에 공약으로 제시되었던 '국가자치분권회의' 신설, 지방의회법 제정 등을 통한 지방자치제도 강화, 자치분권 및 주민참여 확대를 위한 주민자치회 활성화, 지방자치단체 간 통합과 읍면동 체제개편 및 유연화 등 지역 주도 행정체계 개편, 지방교부세 확대 또는 지자체 자체 세원 발굴 등 지방재정 확충을 통한 재정분권 등에 대해서도 구체적인 추진 방안을 논의해야 한다. 행정체계 개편에 대한 논의와 추진 방안 마련을 위해 범부처 통합 테스크포스(TF)를 구성하고 로드맵을 만들어 제시하는 것도 고려해 볼 수 있다.

지역성장 인프라 구축과 지역산업 육성

앞서 2장에서 AI 3대 강국 진입을 위한 실행과제의 하나로 AI 인프라 구축의 필요성에 대해 서술했고, 'AI 고속도로'의 개념하에 메가 AI 집적 클러스터와 AI+X 센터가 네트워크를 이루는 방안을 제시했다. AI 클러스터와 AI+X 센터를 하나의 지역에 모으지 않고 전국에 분산해 구축하는 방식의 장점 중 하나는 효율적 에너지 배분이 가능하다는 것이다. 앞서 이 책의 제3장에서도 언급했듯이, 우리나라는 전력 생산지와 소비지 간의 불균형이 매우 심각한 상황이고, 주요 발전설비는 호남, 영남, 강원, 제주 등에 분산 입지하고 있다. 특히 2022년 기준 신재생에너지 발전량의 약 86.3%가 수도권 이외 지역에서 나오고 있다.[42] AI 데이터센터를 비롯한 산업설비를 운용하는 데는 막대한 전력이 필요하고, 기업들의 탄소중립 에너지 전환을 위해서는 신재생에너지 사용 비중을 늘려야 하는데, 전력의 수요처가 발전원에 근접할수록 에너지 사용의 효율성은 높아질 것이다.

AI 데이터 센터의 지역 분산 구축이 필요한 또 하나의 이유는 지역에 특화된 산업과의 융합을 도모하기 위함이다. 2장에서 설명했듯이 AI 생태계의 발전을 위해서는 산업에 특화된 수직형 AI 개발의 클러스터 형성이 중요한데, 우리나라 산업의 지역적 분포를 활용하기 위해서는, 예컨대 전통 제조업이 발달되어 있는 남부권에 제조+AI 센터를 구축하는 것과 같이 지역에 AI+X 클러스터 및 센터를 구축하는 것이 유리하다.

AI+X 센터가 지역 특화산업과 융합되어 AI 응용 분야의 발전과 기존 산업의 부흥을 동시에 도모하기 위해서는 산업단지와 교통물류에 대한 투자 확대도 필요하다. 2024년 현재 전국 1,330개 산업단지에 128,593개의 기업이 입주해 있고, 이들 기업은 제조업 생산의 62.6%, 수출의 66.9%를 차지하고 있다.[43] 산업단지는 철강, 석유화학 등 화석연료 기반 생산공정을 가진 업종비중이 높아 산업부문 온실가스 배출량의 76.6%(2022년 기준)를 차지하고 있다.[44] 또한 전통적 제조업을 영위하는 기업들의 디지털화와 AI 전환을 지원하기에는 산업단지의 시설이 노후화되어 있다. 지역 기업 및 산업의 디지털·친환경 전환을 효과적으로 촉진하기 위해 정부는 '스마트그린 산업단지'를 선정해 인프라를 구축하고 있다. 스마트그린 산단은 2019년 4개소에서 시작해 2024년까지 총 21개소로 확대되었으나, 전체 산업단지 수에 비하면 크게 적은 비율이다. 스마트그린산단 1개소 구축에 약 60억~100억 원의 비용이 드는 만큼 예산이 많이 소요되는 사업이기는 하지만, 그 필요성과 시급성을 감안할 때 중앙정부와 지자체가 함께 산업단지 고도화를 적극 추진해야 할 것이다. 추가로, 산단 내 기존의 디지털인프라 구축과 데이터 활용 체계

구분	2019년	2020년	2021년	2022년	2023년	2024년
신규선정(개소)	4	3	3	5	3	3
누적(개소)	4	7	10	15	18	21

[표 5-1] 연도별 스마트그린산단 선정 현황
자료: 한국산업단지공단

마련에 더해 AI 인프라를 구축해 입주 기업들의 AI 전환을 지원하고, 출퇴근 환경 및 편의시설을 확충해 인력확보를 용이하게 할 필요도 있다.

5극3특 광역행정체계 구축을 위해 광역교통망 확충도 필요하다. 미국 북동부 보스턴-워싱턴 메갈로폴리스(BosWash)의 주간 고속도로(I-95)와 철도(Amtrak), 일본 도쿄에서 후쿠오카에 이르는 도카이도(東海道) 벨트의 고속철도(신칸센), 고속도로 및 항만, 중국 광둥-홍콩-마카오 광역대만구(粵港澳大湾区)의 지역 간 교량, 고속도로, 항만 등에서 볼 수 있듯이 광역행정체계의 형성과 발전을 위해서는 교통 인프라가 필수적인 요소이다. 광역급행철도(GTX) 망을 포함해 대선 과정에서 제시된 교통 인프라 구축의 실행 계획을 마련해 5극3특 광역체계 발전을 앞당겨야 할 것이다.

지역성장 전략의 핵심은 지역 특화 전략산업 육성과 지역투자 촉진으로 지역을 성장시키고 청년 및 지역 중심의 일자리를 창출하는 것이다. 각 지역은 부존자원과 인프라를 최대한 활용할 수 있는 지역의 대표전략산업을 육성하고 일자리를 창출하는 한편 기존 산업이 겪는 위기에 대응할 방안을 모색하고 중앙정부는 이를 적극 지원할 필요가 있다.

지역산업 육성 및 일자리 창출을 위해 지역 공통으로 추진할 수 있는 정책들은 ①국가산단, 특화단지, 경제자유구역 등을 연계한 지역대표 전략산업 육성, ②앵커기업 유치 지원 및 지역대표 중소·중견기업 발굴·육성, ③역성장을 겪는 지역산업에 대해서는 위기대응 전주기 시스템 가동으로 지역산업 생태계 안정 도모, ④지방주도형 투자일자리 사업 내실화, ⑤중앙과 지방의 고용정책을 연계하고 지원하는 제도 마련과 지역 노사정 대화 제도화 등 지역고용활성화를 위한 법제도 개선 추진, ⑥전문적이고 통일적인 지역맞춤형 취업지원 서비스 제공 체계 구축 등이 있다. 구체적으로 대선 과정에서 지역산업 육성을 목표로 제시되었던 각 권역별 공약들은 다음과 같다.

먼저 제조업과 항만 자산을 갖고 있는 부울경 지역공약의 핵심은 북극항로 개척과 대륙철도 연결, 미래산업 전환에 대한 과감한 투자, 해양수산부 이전과 30분대 생활권 구축을 통해 부울경 메가시티를 글로벌 물류와 산업 중심의 해양수도로 만들겠다는 것이다. 보다 구체적으로는, 울산의 자동차·석유화학·조선산업을 글로벌 친환경 미래산업 선도주자로 육성하고 경남을 우주·항공·방산, 스마트 조선산업의 메카로 조성하는 등 부울경 핵심 산업인 전통 제조업의 재도약을 위한 지원 방안을 모색할 수 있다. 또 북극항로 시대를 대비해 부산에 항공, 철도, 해운이 결합된 '트라이포트' 전진기지 구축을 추진하고 쇄빙선 등 전용 선박 건조 지원, 극지 해기사 등 전문 인력 양성, 항로 최적화 연구와 물류 운송로 확보, 북극항로 비즈니스 모델 개발, 트라이포트 배후단지에 소재·부품·장비 공급망 조성 등을 지원할 수 있다. 이재명 정부는 이미 해양수산부를 부산으로 이전하겠다고 발표했다. 또한 이를 마중물 삼아 해양·수산 관련 공공기관을 이전하고, 나아가 국내외 해운·물류 대기업 본사와 R&D센터를 유치해 부산을 해양수도로 키우겠다는 계획을 밝히고 있다.

서남권에는 10GW 규모의 재생에너지 설비가 상업운전 중이며, 2031년까지 추가로 32GW 규모의 재생에너지 설비가 들어설 예정이다. 서남권 지역공약의 핵심은 이러한 재생에너지 발전 인프라를 바탕으로 서남권을 AI 데이터센터를 중심으로 한 AI 선도 지역으로 육성하고, 재생에너지, 화이트바이오 등 친환경 미래산업의 중심지로 키운다는 것이다. 또한 모빌리티, 금융, AI-X 융복합산업 등을 위한 미래첨단산업 클러스터를 조성하고, 미래형 농생명·식품 산업의 중심지를 조성해 K-푸드 혁명을 주도하도록 한다는 목표가 제시되었다. 구체적으로, 광주는 '국가 AI 데이터센터'에 이어, 고성능 반도체를 집적한 '국가AI 컴퓨팅센터'까지 확충해 AI 선도 도시로 조성하고, 전주는 자산운용 특화 금융 생태계를 조성해, 제3의 금융 중심지로 도약하도록 지원하며, 여수·광양·군산은 기존 제조업의 재도약으로 지역 일자리를 창출하겠다는 공약이 제시되었다. 또한 호남을 재생에너지 산업의 중심지로 만들기 위해 광주와 새만금 등 전남·전북 일대에 RE100 산업단지 조성, 해남에 재생에너지 기반의 AI 데이터센터 설립, 한국전력과 한국에너지공대의 에너지 연구 지원 등을 추진할 수 있다. 서남권은 한국 농업의 중심지역으로서 미래형 농생명·식품 산업의 거점으로 성장할 수 있다. 이를 위해 김제 스마트팜 혁신밸리, 나주 AI 농업 지구 등을 거점으로 고부가가치 농생명 산업을 육성하고 전북 국가식품클러스터를 K-푸드 수출거점으로 성장시키고, 제조와 수출, 체험이 융합된 K-푸드파크를 조성하며, 수산클러스터 및 해양식품 산업벨트를 구축하는 방안을 마련해야 한다.

　대구 경북권에서는 기존에 형성되어 있는 업종들의 첨단화, 미래화를 유도하는 내용의 공약들이 발표되었다. 구체적으로 이차전지 및 자동차 부품 산업과 관련해 구미·포항·대구의 차세대 전고체 배터리와 리사이클링 R&D 역량 강화를 지원하고, 자동차부품 기업이 친환경자동차, 첨단부품 산업으로 혁신할 수 있도록 자동차부품 R&D센터를 설립하고, 스마트 생산설비를 기반으로 산업생태계를 구축하도록 유도한다. 또 대구·경북 '한국형 바이오·백신 산업 클러스터' 조성, 대구 첨단의료복합단지에서의 신약 개발·혁신형 의료기기·디지털 헬스 케어 육성, 경북

바이오산업연구원·포스텍 등의 바이오·신소재 기술개발과 연구 지원 등을 통해 바이오산업을 지역의 미래 성장동력으로 육성하고 이를 농업과 식품 등 전후방 산업까지 확장하는 전략이 제시되었다. 추가로, 미래 고부가가치 산업 육성의 차원에서 AI 로봇 관련 딥테크 유니콘 기업을 집중 육성하고 구미 로봇직업혁신센터와 연계해 AI로봇 전문인력 양성과 재교육을 강화하는 것, 포항에 수소·철강·신소재 특화 지구를 조성해 그린수소 생산부터 저장, 활용까지의 전 주기 산업 인프라를 완비하는 것, 친환경 신소재 개발을 통해 섬유산업을 고부가가치화하는 것 등을 지원할 수 있다.

중부권은 행정과 과학 수도로서의 입지 공고화를 목표로, 세종을 행정수도의 중심으로 완성하고, 충청권 연구단지들을 글로벌 과학기술 혁신클러스터로 재창조하며, 첨단산업 벨트를 구축하는 전략이 제시되었다. 구체적으로, 국회 세종의사당과 대통령 세종 집무실 임기 내 건립, 국회 본원과 대통령 집무실의 세종시 완전 이전에 대한 사회적 합의 마련 등을 통해 세종을 행정수도의 중심으로 완성하고 제2차 공공기관 이전을 조속히 추진하고자 한다. 또 대전을 한 차원 높은 과학 수도로 격상시키기 위해 대덕연구특구를 글로벌 과학기술 혁신클러스터로 전환하고, 글로벌 융합연구 네트워크 강화, 인재 양성 인프라 확충 지원, 연구자와 기술자 정주 여건 개선 등을 추진한다. 지역산업 육성과 관련해서는 대전(AI·우주산업)-세종(스마트행정)-충북(바이오·반도체·이차전지)-충남(디스플레이)을 잇는 유기적인 첨단산업벨트를 구축하고, 환황해권 해양관광벨트와 충북 휴양·힐링 관광벨트를 조성하는 것이 공약으로 제시된 바 있다.

민주당의 대선 공약에서 강원권과 제주권은 청정-바이오 산업과 관광산업의 중심지로 육성한다는 목표가 제시되었다. 먼저, 관광산업과 관련해서는 전 세계가 주목하는 15조 원 규모의 국내 관광시장 성장에 대응해 강원과 제주를 '대한민국 방문 필수 코스'로 육성한다는 전략이다. 여기에는 동해안과 그 접경지가 품고 있는 DMZ 생태자원과 역사·문화적 자산을 평화관광 특구로 조성하고, 평창과 강릉에 스포츠와 자연이 융합된 복합 휴양지를 만들고, 설악과 동해안은 복합 해양레저 관광지로 발전 지원하며, 제주는 일과 쉼이 공존하는 세계적 관광 도시로 육성하는 실행계획이 포함되어 있다. 또한 강원권과 제주권에는 청정 에너지와 바이오·헬스를 중심으로 한 미래산업 육성 공약이 제시되었다. 강원에 부유식 해상풍력과 수소에너지 산업을 육성해 에너지 전환의 중심으로 조성하고, 춘천·원주·강릉에는 AI·디지털 기반의 첨단의료복합 산업과 소부장 산업을 육성하며, 횡성·원주·영월은 미래차 핵심부품 산업이 발전할 수 있도록 지원한다는 계획이다. 제주에는 해상풍력, 태양광, 그린수소로 청정 전력망을 구축하고, 전기차와 충전 인프라를 확충해 친환경 모빌리티 100% 전환을 촉진하며, 분산 에너지 특구 지정을 통해 실시간 요금제, 양방향 충전 등 에너지 신기술의 실험 기지로 구축함으로써 탄소중립 선도 도시로 개발하겠다는 목표가 제시되었다. 아울러 강원과 제주의 농업이 디지털 플랫폼과 스마트팜 인프라를 통해 친환경-스마트 농업으로 전환되도록 지원하겠다는 계획도 나왔다.

국토균형발전 전략의 목표는 수도권과 비수도권 간 불균형 완화이지 수도권 성장억제가 아니다. 서울은 이미 교통·문화·금융 인프라를 갖춘 세계적 대도시이고, 이와 인접한 인천과 경기 또한 자생적인 산업거점이 형성되며 국내외 자본을 끌어들이고 있다. 수도권과 비수도권은 서로 특화된 장점을 기반으로 동반성장하고 이 과정에서 정부가 비수도권의 부족한 역량을 메꿔 주며 잠재력을 극대화시키는 것이 국토균형발전 정책방향이 되어야 한다. 이러한 관점에서 주요 수도권 공약을 살펴보면, 먼저 서울이 뉴욕·런던·파리 등과 경쟁하는 '글로벌 경제수도'로 도약하도록 지원한다는 계획이 있다. 예컨대 여의도 금융허브와 용산 국제업무지구를 하나로 연결해, 글로벌 자본과 기업들이 모이는 세계적 금융·비지니스 거점으로 조성하거나, 홍릉과

상계는 바이오메디컬 클러스터, 세운상가·남대문·동대문·성수동은 도심제조업 밸리, 구로·금천·테헤란로·양재는 AI·IT 산업 밸리로 재편하는 등의 전략이 제시된다. 경기도에는 반도체 메가 클러스터가 조속히 완성될 수 있도록 필요한 투자 인센티브를 제공하고 전력, 용수 공급 등 지원을 강화할 것이다. 판교, 광교, 안산, 양주, 고양 등에 위치한 테크노밸리는 IT와 바이오, 게임과 자율주행, 방위산업 등으로 특화하고 경기북부의 접경지역에는 평화경제특구를 조성해, 평화산업과 녹색산업을 육성한다는 목표도 제시되었다. 인천은 공항과 항만 인프라를 기반으로 물류, 관광, 첨단산업이 융합된 글로벌 허브도시로의 도약이 공약으로 제시되었다. 구체적으로는 공항과 항만, 배후도시를 연계한 글로벌 물류 허브를 구축하고 송도·영종도·시흥 일대를 세계적 바이오 메가 클러스터로 육성하는 전략이 포함된다. 이와 함께 콘텐츠 산업 인프라 확충을 통해 수도권을 세계적인 문화수도로 발전시킨다는 계획도 제시되었다.

지역 생활 인프라 개선과 소득 증대

수도권으로의 인구 유출을 막고 지역으로의 유입을 증가시키기 위해서는 지역의 교육, 문화 등 정주환경이 지속적으로 개선되어야 한다. 이는 인력유출 → 기업유출 → 일자리 감소 → 추가 인력유출의 악순환을 끊기 위한 전제 조건이다. 국민들의 역량강화를 위한 여러 교육개혁 과제들 중 지역 인재양성과 관련해 중점적으로 논의되고 있는 것은 지역 거점국립대에 대한 전략적 투자와 체계적 육성 계획이다. 이를 통해 대학 서열을 완화하고 고등교육 인프라의 폭넓은 활용을 촉진하며 대학이 지역의 연구개발 거점으로 역할할 수 있도록 하고자 한다. 유초중등 교육과 관련해서도 소멸 위험 지역 유·초·중·고 통합학교 모델 확대 운영, 365일 열린 학교, 사교육 부담 제로 학교 등 지역 실정에 맞는 다양한 학교 체제를 구축할 필요가 있다.

그간 비수도권 지역의 생활인프라는 꾸준히 개선되어 왔다. 대표적으로 농촌지역 상수도 보급률은 과거 10년간에도 지속적으로 증가해 2023년 기준 약 83.5%에 달했고, 농촌지역 소재 의료기관 수도 크게 늘어났다. 보육시설은 농촌 지역 영유아 수의 감소로 그 수가 줄어들고 있지만, 전국 시설 중 비중은 소폭이나마 증가하고 있다.

그러나 여전히 빠르게 인구가 감소하는 농어촌 지역의 생활 및 경제 환경 개선을 지속할 필요가 있다. 예컨대 지방정부와 협의하여 농어촌 주민수당제도를 단계적으로 도입하거나 농촌재생프로젝트로 농어촌 빈집을 정비하는 등 경제적 여건 및 생활

연도	상수도 보급률	의료기관 수	(비율)	보육시설 수	(비율)
2014	69.1	4,767	7.5	8,265	16.2
2015	71.0	7,387	11.6	8,216	16.3
2016	72.7	7,470	11.4	8,048	19.6
2017	75.6	7,687	11.5	7,964	19.8
2018	77.0	7,853	11.5	7,769	19.8
2019	78.6	7,962	11.5	7,458	20.0
2020	80.6	8,030	11.4	7,111	20.1
2021	81.6	8,090	11.3	6,738	20.3
2022	82.8	8,173	11.2	6,318	20.4
2023	83.5	8,232	11.2	5,899	20.4

[표 5-2] 농촌지역 생활인프라 보급률 추이

자료: 환경부 「상수도통계」, 보건복지부 「보건복지통계연보, 보육통계」
주1: 의료기관은 병원, 의원 및 조산원 수를 포함
주2: 비율은 전체 기관·시설 중 농촌지역에 소재 기관·시설수 비율

환경을 개선하고 귀농·귀촌 지원을 강화하는 방안을 검토해 볼 수 있다. 산업적 관점에서 축산업 탄소중립 지원 대책을 마련하고, 농어촌의 일손부족 문제를 해결하며, 청년·여성·전문인력 등 농촌의 미래인재를 양성할 필요도 있다.

기초 생활 인프라 외에 지역인구 유입 및 유지에 큰 영향을

미치는 것이 문화 인프라인데, 수도권과 비수도권 간 문화 인프라 및 문화활동의 격차는 여전히 유의하게 존재한다. 이를 보여주는 하나의 지표로 문화체육관광부(2025)의 〈지역문화실태조사〉를 보면 지역문화지수에서 수도권이 비수도권에 비해 상대적으로 큰 격차로 높게 나타난다. 지역문화지수를 세분화해서 보더라도 수도권의 문화자원, 문화활동, 문화향유의 수준이 비수도권보다 높다. 이러한 결과는 문화예산과 문화사업 수, 문화 분야 행정인력 및 기관 수 등을 종합한 문화정책지수에서 비수도권이 더 높은 점수를 받은 가운데서 나타난 것으로, 지역 문화정책의 효과성이 낮음을 의미한다. 따라서 지역 문화정책이 실제 주민들의 문화 활동 및 문화 향유로 이어질 수 있게 실효성을 높일 수 있도록 해야 한다. 아울러 지역 유휴공간을 문화예술공간으로 전환하는 등 마을자원을 활용한 생활문화 공간 마련을 지원하고 지역 문화·체육시설의 설치 및 운영에 대한 지원 확대도 필요하다.

지역의 전략산업 육성과 별개로 지역관광 활성화는 지역의 소득과 소비를 증대시킬 수 있다. 동시에 지역관광 활성화는 국민 여가의 양과 질을 높임으로써 관광복지를 증진시킬 수 있다. 21대 대통령 선거에서는 지역관광 활성화를 위한 공약들이 제시되었는데, 문화관광산업 특구를 지정하고, 해양·섬·숲·음식

구분	평균		차이	결과 해석
	수도권	비수도권		
지역문화지수	0.292	-0.118	0.410	수도권 > 비수도권
문화정책지수	-0.043	0.017	-0.060	수도권 < 비수도권
문화자원지수	0.098	-0.040	0.138	수도권 > 비수도권
문화활동지수	0.070	-0.028	0.099	수도권 > 비수도권
문화향유지수	0.166	-0.067	0.233	수도권 > 비수도권

[표 5-3] 농촌지역 생활인프라 보급률 추이

자료: 문화체육관광부(2025)
주: 차이는 수도권 지수에서 비수도권 지수를 뺀 것이고,
모든 차이가 0.1% 유의수준에서 통계적으로 유의함

등 지역특화 관광자원 개발을 지원하는 것이 그중 하나이다. 또 근로자 휴가지원제도의 수혜대상과 지원규모를 확대하고, 지역사랑 휴가지원제를 신설하는 등 지역관광 지원 프로그램을 확대·신설하는 것, 청소년·어르신·가족 단위의 국민 맞춤형 관광 프로그램을 개발·지원하는 것, 지자체와 기업이 연계해 일과 관광이 결합된 워케이션(worcation) 관광의 활성화를 도모하는 것 등이 포함되어 있다.

6

**공정과 상생의
시장질서 구축**

경제제도의 역량과 경제성장

국가의 번영과 지속 발전을 이끄는 핵심 요인에서 제도의 역할을 빼놓을 수 없다. "제도는 사회 [구성원들의 창의와 혁신을 이끄는] 인센티브 체계를 만들고, 따라서 정치와 경제제도는 경제적 성과를 결정하는 근본적 요인이다(North, 1993)." 단기적 성장은 제도와 관계없이 우연히 혹은 인위적으로 일어날 수 있다. 그러나 성장 잠재력을 높이고 지속 성장하려면 개개인의 창의와 혁신의 인센티브를 가장 효과적으로 펼칠 수 있는 경제제도의 역량이 필요하다. 누구나 공정하게 경쟁하고 공평한 기회를 누릴 수 있는 시장 시스템에서 "좋은 아이디어를 가진 이들이 사업을 할 수 있고 자신의 생산성이 높은 분야에서 근무하고 비효율적인 기업이 더 효율적인 기업에 의해 대체된다. (중략) 기술혁신을 장려하며, 사람에 투자하고 수많은 사람들의 재능과 기술을 동원하는 경제제도의 역량이 경제성장을 위해 중요하다."(Acemoglou & Robinson, 2012)

공정과 상생의 시장 질서는 공정한 경쟁, 기회의 평등 그리고 공평한 분배의 원칙이 구현되는 시장 시스템을 말한다. 이를 추구하는 공정성장 전략은 시장의 불공정과 기업과 조직 내 의사결정의 불합리를 시정하고 우리 경제·사회 각 분야의 기울어진 운동장을 바로잡는 것을 목표로 한다. 대기업과 중소기업 간의 공정거래, 재벌 대기업집단 내에서 일어나는 대주주의 사익편취와 불공정 행위 억제, 온라인 플랫폼 경제의 공정거래, 노동시장의 이중구조와 불평등 완화, 공정하고 생산적인 금융시장, 합리적 기업지배구조 등이 공정과 상생의 시장질서를 위하여 풀어야 할 과제들이다.

공정과 상생의 대·중소기업 생태계

현재 많은 중소기업이 기술 보호를 위한 전담 부서나 인력을 갖추지 못하고 있어 기술 탈취에 취약하다. 기술 탈취를 당하고서도 장기간의 소송과 그에 따른 비용을 감수하기 어렵고 소송 과정에서 피해를 입증하는 데 큰 어려움을 겪는 경우가 많다. 그래서 애써 개발한 기술이 불공정하게 유출되어도 아무런 법적 대응을 하지 못하는 실정이다. 이렇게 기술 탈취가 만연한 불공정한 시장 질서 속에서 중소기업이 기술개발과 혁신을 위해 노력할 유인은 위축될 수밖에 없다. 결과적으로 중소기업의 생산성은 하락하고 기업 경쟁력도 약해질 수밖에 없는 것이다.

중소기업의 생산성을 높이고 경쟁력을 강화하려면 우선 피해 기업이 기술 탈취에 스스로 대처할 수 있는 법과 제도적 환경을 개선해야 한다. 기술 탈취 문제와 관련하여 피해 기업과 가해 기업 간의 힘의 균형이 제도적으로 보장될 때 이 문제가 근본적으로 해결되고 다수의 경쟁력 있는 중소기업이 중심을 잡는 건강한 기업생태계가 만들어질 수 있다.

우선, 피해 기업의 신속한 구제와 경영 안정을 도모하기 위한 제도적 장치를 마련해야 한다. 이를 재정적으로 뒷받침하는 것으로 중소기업 불공정거래 피해 구제 기금을 조성할 수 있다. 이와 관련하여 불공정거래행위 등으로 징수한 과징금의 일부를 재원으로 하는 기금 신설안이 2021년 발의된 바 있다(이수진 외, 2021). 아울러 피해 기업이 소송 과정에서 필요한 자료를 공정거래위원회, 중소벤처부 등 행정기관을 통해 확보할 수 있도록 해야 한다. 이를 위해 손해배상 소송을 담당하는 법원이 관련 행정기관을 통해 소송 관련 자료를 제출하도록 강제하는 법원 명령권이 신설되어야 한다.

피해 중소기업이 기술 탈취 소송에서 겪는 가장 큰 어려움은 증거 수집이다. 이를 해결하기 위해 필요한 것이 '한국형 증거조사제도(K-Discovery)'이다. 이는 대기업에 비해 증거 확보에 어려움을 겪는 중소기업의 법적 권리 불균형을 시정하는 제도이다. 이 제도가 소송 과정에서 활용되는 것도 중요하지만, 제도 도입을 통해 잠재적인 기술 탈취를 억제하는 효과 역시 중요하다.

중소기업은 기술탈취 소송에 필요한 막대한 비용과 전문 법률 자문 역량이 부족한 경우가 많다. 제도의 접근 가능성을 높이려면 소송비용을 낮추고 절차를 간소화해야 한다. 아울러 기술탈취 소송이나 디스커버리 절차에 직면한 중소기업을 위해 국선 변호인 또는 전문가 지원 시스템을 구축해야 한다. 신속한 피해 구제를 위해 불공정거래 피해구제 시스템을 정비하여 분쟁조정 절차의 효율성을 높이고, 공정거래위원회(이하 '공정위') 등 정부기관의 조사 역량 강화로 피해 구제까지 걸리는 시간을 단축할 필요가 있다.

보다 선제적으로 중소기업이 분쟁 발생 전에 강력한 내부 기술 보호 시스템을 구축하고 공정한 계약 협상을 진행하도록 하는 법률 지원도 필요하다. 기술보호 전문가의 단계별 맞춤형 지원으로 중소기업의 기술보호 역량 수준을 진단하고, 그에 맞는 맞춤형 지원을 제공함으로써 기술 유출 및 침해를 예방하고 대응 능력을 강화할 수 있을 것이다.

중소기업 및 경제적 약자의 협상력 제고

납품 대금과 관련한 중소기업의 피해는 여전하나 현재 중소기업협동조합이 납품대금 조정 협의를 활용하는 비율은 매우 낮은데(2019년 0.9%), 이는 높은 기준 요건과 협상력 격차 때문이다. 피해 중소기업의 협상력을 강화하기 위해 비슷한 처지에 있는 중소기업이 협력할 수 있어야 한다. 이를 가능하게 하는 것이 중소기업협동조합의 단체 협상권이다.

경제주체 간의 협상력 불균형의 피해는 가맹점주, 대리점주, 수탁 사업자, 온라인 플랫폼 입점 사업자 등 다양한 경제적 약자에게도 발생하고 있다. 이들에게도 단체 등록제와 단체협상권을 부여함으로써 협상력의 균형이 이루어질 수 있도록 유도해야 한다. 이렇게 공정하고 합리적 계약이 확산되어 불공정한 착취가 억제될 때, 다수의 경제적 약자가 생산성을 높이는 혁신에 참여하고자 하는 유인이 만들어질 수 있다.

중소기업협동조합의 공동 사업에 대한 공정거래법 적용 예외를 법제화하고, 지역 주력산업 중소기업들이 지역 중소기업협동조합에 참여할 수 있는 기회를 확대하며, 공동사업 일자리 지원, 협업거래, R&D 등 지자체 및 지방 협동조합의 특성을 반영한 지원방안을 마련할 필요가 있다. 납품대금연동제가 안착할 수 있도록 미연동 합의를 강요하거나 쪼개기 계약 등 탈법행위를 근절하기 위한 대책도 필요하다.

일하고 싶은 중소기업 만들기

대기업과 중소기업 간에 존재하는 영업이익률, 임금 수준, 연구개발(R&D) 투자 등의 격차는 매우 심각한 수준이다. 이러한 격차가 고급 인력이 중소기업을 기피하는 가장 큰 원인이 되고 있고, 이는 결과적으로 중소기업의 생산성이 저하되는 악순환으로 이어진다. 혁신적인 중소기업이 주도하는 기업생태계를 확립하려면, 고급 인력이 기꺼이 취업할 수 있는 양질의 중소기업 일자리가 확대되어야 하고 이를 위해 대기업과 중소기업 간 격차가 해소되어야 한다.

현재 중소기업 임금 수준은 대기업의 55% 내외에 불과하고 중소기업의 대기업 대비 R&D 투자 비율은 소폭 개선되었으나 여전히 상당한 격차가 존재한다. 다음 [그림 6-1]은 이러한 격차가 지난 10여 년간 꾸준히 지속되었음을 보여 준다.

중소기업 취업 기피현상을 해결하려면 중소기업의 복지수

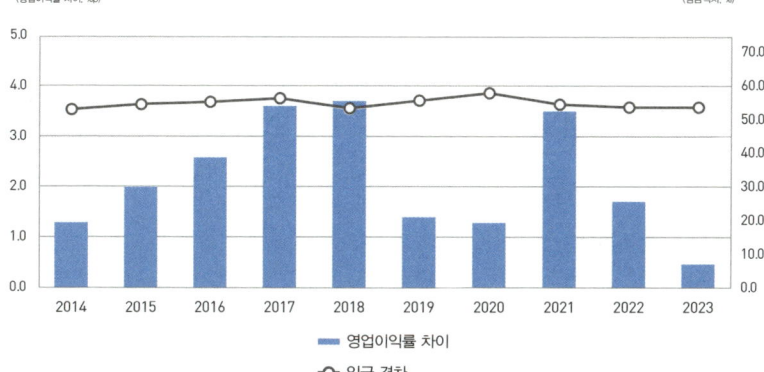

[그림 6-1] 대중소기업 영업이익률 및 임금 격차
자료: 한국은행 「기업경영분석」, 중기중앙회 「중소기업위상지표」,
과학기술정보통신부 「연구개발활동조사 보고서」

준을 높이고 장기 재직의 유인을 높여 고급 인력의 중소기업 취업 유인을 강화해야 한다. 이를 위해 중소기업 복지플랫폼 예산을 확대하여 대기업 수준에 근접한 복지혜택을 제공할 수 있도록 유도할 필요가 있다. 또한 중소기업 노동자 주택 특별공급 지원을 확대하고, 특히 청년들이 중소기업에 취업하여 오랫동안 일하도록 유도하는 '청년미래적금' 등의 추진도 필요하다.

또한 중소기업 상생금융지수를 도입하여 중소기업과의 동반성장을 위한 은행의 노력을 평가하고 계량화할 필요가 있다. 이를 통해 은행이 담보가 충분한 기업에만 돈을 빌려 주는 관행에서 벗어나, 담보가 부족하더라도 기술력과 성장 가능성이 높은 중소기업에 대출을 확대하도록 유도해야 한다. 이처럼 생산적 중소기업 부문에 대한 금융이 확대되면, 중소기업의 생산성과 경쟁력이 높아지고, 대기업과의 격차도 줄어들어, 더 많은 사람들이 '일하고 싶은 중소기업'이 늘어나게 되는 긍정적인 변화로 이어질 것이다

지배주주 사익편취 행위 근절과 공정한 경쟁 질서 확립

재벌 대기업집단이 대한민국 경제에서 차지하는 비중은 다른 선진국과 비교할 때 월등히 높은 수준이다. 상위 10대 재벌 대기업 집단의 매출액이 국내총생산 GDP에서 차지하는 비중을 계산하면 약 60%에 이른다. 삼성·SK·현대자동차·LG·롯데 등 상위 5대 그룹의 매출액 비중만 따져도 GDP의 약 40%에 이르고, 전체 공시대상 기업집단의 매출액 비중은 GDP의 약 79%에 이르는 것으로 분석되었다(공정거래위원회, 2025). 이러한 수치는 OECD 평균에 비해 현저히 높은 편으로 대한민국 경제의 경제력 집중 현상을 잘 보여 준다.

경제력 집중 현상은 2010년대 소폭 완화 혹은 정체되어 왔으나, 지난 2022년 이후로 다시 심화되는 추세로 전환하였다. [그림 6-2]의 공시대상 기업집단의 매출액 비중은 2022년

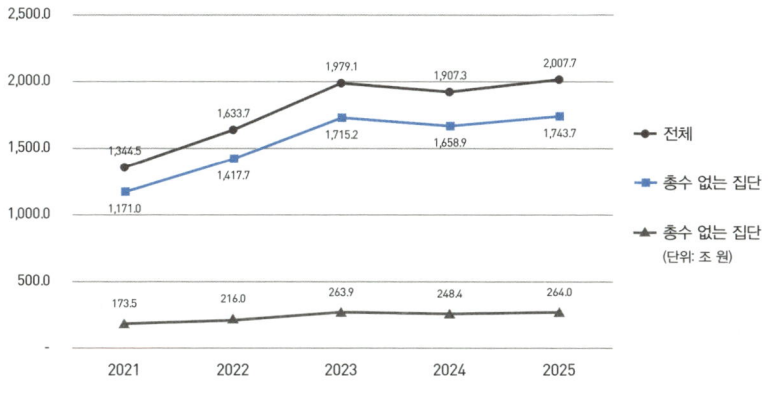

[그림 6-2] 공시대상기업집단의 매출액 추이

자료: 공정거래위원회 「2025년 공시대상기업집단 계열회사 수, 재무현황 및 경영성과」 별첨1

1,633.7조 원에서 2025년 2,007.7조 원으로 성장하여, 3년간 연평균 7% 이상 성장하였다. 총자산가치의 경우 연평균 8% 이상으로 더 빠르게 성장하였다.

재벌 대기업집단의 소유구조와 불투명한 기업지배구조 속에서 재벌 일가가 기업 의사결정에 지배적인 영향력을 행사하여 얻을 수 있는 이익이 큰 것이 경제력 집중이 완화되지 않는 가장 중요한 이유라 할 수 있다. 특히 지배주주가 일반주주에게 피해를 야기하는 불공정한 행위로 사적 이익을 추구하거나 편법적으로 경영권을 승계하는 문제가 지속되고 있다.

지배주주의 사익편취 및 편법적 경영권 승계 행위를 막기 위해서는 행위 규제의 실효성을 높이는 것과 함께 새로운 법제의 도입까지 검토할 필요가 있다. 우선 주권상장법인에 대한 인수·합병가액 결정 시 주식가격, 자산가치, 수익가치 등을 고려한 공정가액 적용이 필요하다. 합병 과정에서 일반주주의 정당한 이익이 보호될 수 있도록 이사회의 책임도 강화해야 한다. 또한 주권상장법인과 계열사 간 합병 시 일반주주가 법원에 검사인 선임을 청구할 수 있는 합병검사인 제도의 도입도 필요하다. 이 밖에도 일감 몰아주기 및 편법적 경영권 승계를 위한 총수 일가의 사익편취 행위에 대한 점검을 강화하고 규제 회피 목적의 탈법행위에 대해서는 부당이득에 상응하는 수준의 과징금을 부과하는 등 부당 내부거래에 대한 감시와 제재를 강화할 필요가 있다.

공정거래위원회의 역량 강화

공정위의 역량 강화는 조직과 절차 개선뿐만 아니라 인력, 기술적 도구, 전문 지식 등에 대한 투자를 필요로 한다. 특히 급변하는 디지털 시장이나 복잡한 M&A를 효과적으로 감시하고 집행하기 위하여 방대한 데이터를 분석하고 경쟁 제한적 행위를 탐지하는 전문 인력과 기술적 역량 확충이 필수적이다.

대기업이 잠재적 경쟁자를 제거하는 행위, 특히 시장지배력을 강화할 목적으로 혁신적인 스타트업을 인수하는 '킬러 인수'를 방지하기 위해, 공정거래위원회의 기업결합 심사 기준이 강화되었고 킬러 인수 심사 조항도 신설되었다. 그러나 심사의 어려움, 명확한 판단 기준 부족, 규제 회피 가능성 등 실효성에 대한 한계가 지적되고 있다. 킬러 인수 판단 기준을 명확히 하여 심사의 예측 가능성을 높이고 예방적 심사를 강화하며 인수 이후에도 혁신 활동을 지속하는지 감시하는 등 제도의 보완이 지속되어야 한다. 유해한 M&A를 차단하면서도 스타트업 생태계의 역동성에 필수적인 M&A 시장이 위축되지 않도록 하는 균형 있는 접근이 중요하다.

공정과 상생의 온라인 플랫폼 생태계 구축

디지털 플랫폼 시장은 네트워크 효과, 데이터 의존성, 다면성 등 전통적인 시장과는 다른 특성을 가지고 있어, 기존의 공정거래법 적용에 어려움이 발생한다. 이를 효과적으로 해결하기 위해 공정거래법의 보완과 디지털 시장에 특화된 온라인 플랫폼법의 제정이 필요할 수 있다. 온라인 플랫폼법이 지향해야 할 기본 원칙은 공정거래법과 같다. 첫째는 입점업체 보호 및 상생협력의 시장규율을 강화한다는 원칙이다. 둘째는 국내외 거대 플랫폼의 독점적 지위 남용 및 독과점에 따른 폐해를 방지함으로써 시장의 자정기능을 강화하고 경쟁을 촉진한다는 원칙이다. 이를 통해 플랫폼 시장이 다양한 산업의 혁신 창출을 유도할 수 있도록 하는 것이다. 셋째는 플랫폼 소비자의 피해를 방지하고 소비자의 합리적 의사결정을 지원하는 것이다. 이러한 원칙이 충족되어 시장 자율의 공정한 거래질서가 확립되려면, 입점 사업자와 같이 플랫폼 경제의 약자에게 단체 등록제와 단체협상권을 보장하는 등의 수단이 필요할 것이다.

플랫폼 시장은 이용자 수가 많아질수록 편익이 기하급수적으로 증가하는 강력한 네트워크 효과를 특징으로 한다. 이 때문에 급격한 시장 집중화 현상이 발생할 수 있다. 한편, 디지털 기술의 혁신이 이루어질 때는 새로운 진입자가 빠르게 성장하거나, 기존 사업자를 대체하는 등 플랫폼 시장은 매우 역동적으로 변모할 수 있다. 따라서 규제 당국은 혁신을 통해 달성된 일시적인 시장 선도와 반경쟁적 관행을 통해 유지되는 확고한 지배력을 구별할 수 있어야 한다. 빠르게 변모하는 디지털 산업과 플랫폼 시장의 경쟁을 관리하기 위해서는 디지털 서비스 시장을 상시적으로 감시 및 조사하는 제도의 도입도 검토할 필요가 있다. 이를 위하여 공정거래법상 시장조사제도의 근거를 마련하고 공정위 내 관련 조직과 조사 인력 확충, 디지털 환경에 맞는 조사

권한 강화 등 제도 혁신이 이루어져야 한다.

현행 공정거래법은 디지털 플랫폼 시장의 특수성을 고려한 시장지배력 평가기준을 마련하고 있으나, 급변하는 시장 환경에 대한 신속한 대응, 판단의 명확성, 글로벌 기업 규제의 실효성 등 여러 문제점을 안고 있다. 시장지배적 사업자 기준에 대한 정량적·정성적 기준의 정교화, 동태적 시장 분석 강화, 국제 협력, 그리고 유연한 집행 등의 개선이 필요하다.

배달 플랫폼이 음식점 운영에서 차지하는 중요성이 커짐에 따라 배달 시장의 공정한 질서확립의 필요성도 함께 커지고 있다. 이를 위해 플랫폼 입점업체에 대한 차별적인 수수료율 금지, 수수료 상한제 등의 도입을 검토할 수 있다. 또한 배달 종사자의 처우 개선과 보호를 위해 안전, 보험, 공정한 소득 보장의 문제를 해결할 대책이 필요하다. 음식점(공정한 수수료), 배달 기사(공정한 임금, 안전), 플랫폼(생존 가능성), 소비자(서비스 품질, 가격)의 이해관계를 균형 있게 고려하는 '상생' 해결책을 필요로 한다.

공정과 상생의 노동시장

시장시스템에서 공정한 분배를 결정하는 가장 중요한 토대는 노동시장이다. 그러나 대한민국 노동시장은 임금, 안전, 노동

환경, 고용안정 등 고용의 질을 결정하는 모든 면에 있어서 심각한 양극화의 문제를 안고 있다. 대한민국은 OECD 회원국 중에서 멕시코와 미국과 함께 최상위 수준의 임금 격차(저임금 노동자 비율, 최상위와 최하위 임금격차, 중위와 최하위 임금격차)를 20년 이상 기록하고 있다. 2024년 비정규직 근로자는 정규직 근로자 소득의 약 66%에 불과한 소득을 얻어, 2008년 이후 가장 큰 수준의 격차를 기록하고 있다. 또 중소기업 비정규직 임금은 대기업 정규직 임금의 45%에 불과하여 기업규모 간 임금 격차 역시 매우 높은 수준을 유지하고 있다. 이처럼 높은 임금 격차가 지속되는 원인으로는 노동시장 이중구조, 불공정한 원하청 관계와 그 속에서 발생하는 하청업체에 대한 원가 절감 압력, 대중소기업 간 노조 조직률 격차, 근속연수와 연령에 따라 임금 수준이 결정되는 연공급제 등이 지목된다.

공정과 상생의 노동시장을 만들기 위해서는 무엇보다 노동시장의 이중구조 문제가 해소되어야 한다. 노동시장의 이중구조는 안정된 고용과 고임금의 상위 노동시장과 불안정한 고용과 저임금의 하위 노동시장으로 노동시장이 분리되었고, 두 시장을 나누는 장벽이 높아 노동의 이동이 어려운 구조를 말한다. 노동시장 이중구조 문제가 근본적으로 해결되려면 무엇보다 기업 간 거래, 특히 하도급 거래에서 공정한 관행(중소기업 기술보호와 납품

단가 연동제)이 확립되고 중소기업의 생산성이 향상되어 건강한 기업생태계가 자리 잡아야 한다. 그러나 이런 중장기적 시장 시스템의 체질 개선뿐만 아니라 현존하는 노동시장의 이중구조 문제를 완화하려는 적극적인 노동시장 정책 역시 병행되어야 한다. 왜냐하면 이중구조화를 야기하는 원인이 노동시장 내부에도 존재하기 때문이다.

고용노동행정 및 노동관계법은 근로자의 권익을 보호하고, 공정한 노동시장 질서를 확립하며, 안정적 고용을 지원하기 위한 법과 제도이다. 이러한 법제가 형식적 규정에만 머무르지 않고 근로자가 현장에서 체감할 수 있도록 실제적이고 효과적으로 집행되어야 한다. 이를 위해 법 집행을 강화하고 권리 구제가 필요한 사람들이 쉽게 접근할 수 있도록 행정 및 법률지원 시스템을 개선해야 한다. 무엇보다 노동법이 실제로 효과적으로 시행되도록 사업장에 대한 정기적이고 철저한 감독을 강화하는 것이 필요하다. 이는 임금 체불, 부당 해고, 안전하지 않은 노동 환경과 같은 문제를 해결하는 것을 포함한다. 근로감독을 강화하기 위해 근로감독 인력 증원과 지방공무원에 특별사법경찰권을 부여하는 중앙정부와 지자체의 협력 모델을 구축해야 한다.

노동을 제공하고도 임금을 받지 못하는 체불임금의 문제는 기본권을 침해하는 심각한 문제이다. 대한민국은 아직도 매년

20만~30만 명에 달하는 노동자가 전체 2조 원에 가까운 체불임금으로 생존권을 위협받고 있어서 심각한 사회문제가 되고 있다(고용노동부의 임금체불 현황 자료 참고). 영세 자영업 및 중소기업의 어려움, 다단계 하청 구조와 불공정 거래, 법의 사각지대 등 다른 선진국에 비해 그 규모가 큰 체불임금을 야기하는 구조적 요인이 존재하여 개선이 필요하다. 다른 선진국들은 신속한 법 집행과 강력한 사회보장체계 속에서 체불임금이 발생하더라도 노동자의 피해가 적고 구제가 신속하다. 우리도 무엇보다 신속한 구제를 위해 적정한 기준을 충족하는 체불임금에 대해서는 국가가 우선 지급할 수 있는 전담 기구와 제도가 마련되어야 한다.

단체협약은 노사 간 협상력의 균형을 통해 노동시장의 착취와 독과점 문제를 해결하는 시장 시스템의 구성요소이다. 그러나 많은 취약 부문의 근로자들에게 이러한 단체협약의 길이 막혀 있는 것이 노동시장의 이중구조화를 만드는 요인이다. 노사 간 자율적 협상을 활성화하는 것이 이중구조화된 노동시장의 문제를 해결하는 자연스러운 해법이다. 취약부문 노동의 목소리가 단체협약에 반영될 수 있도록 하려면 초기업 단위의 단체교섭을 활성화하고 단체협약의 효력을 확장할 수 있는 조치가 필요하다. 특히 공공부문이 모범적으로 산업 및 업종별 단체 교섭 모델을 구축하고 저임금, 미조직 노동자 보호에 앞장서야 한다.

노동자와 사용자 사이에서 제3자가 끼어들어 임금 일부를 착취하는 것을 중간착취라 한다. '진짜 사장'이 노동자의 교섭권을 침해하는 편법적 수단으로 이러한 중간착취가 활용되고 있다. 중간착취를 방지하고 '진짜 사장'이 고용조건과 노동환경에 책임질 수 있도록 노동자의 실질적 교섭권이 보장되어야 한다. 이를 위해 초기업적 교섭이 활성화되어야 한다.

단체협약의 효력이 확장되려면 동일가치노동 동일임금(처우) 원칙이 존중되도록 노동시장의 선진화가 필요하다. 이 원칙의 법제화와 함께, 직무, 직위, 근속년수 등을 반영한 동일가치노동-동일임금 기준지표를 마련할 수 있도록 해야 한다. 임금분포(공시)제는 기업 또는 산업 전반의 임금 분포 현황을 공개하는 제도를 말한다. 임금의 투명성을 높이고, 성별, 고용 형태, 직종, 경력 등 다양한 요인에 따른 임금 격차를 파악하여 불합리한 차별을 해소하고 공정한 임금 지급을 유도하기 위해 임금분포(공시)제의 도입이 필요하다.

일하는 모든 사람의 '일터 권리'와 직장 내 민주주의

일터 권리는 공정한 임금 외에 괴롭힘 및 차별로부터의 보호, 안전 보장, 공정한 대우 등 광범위한 권리를 포괄한다. 산업

재해 예방, 감정노동자 보호, 직장 내 괴롭힘 금지 등이 모두 일터 권리의 보장을 위해 필요한 요소들이다. 일터 권리 및 안전 위반에 대한 법적 제재와 처벌이 필요하지만, 장기적으로는 조직 내 예방적 안전 문화가 조성되어야 한다.

직장 내 민주주의는 임금 수준에 못지않게 일자리의 질을 좌우하는 요소이고, 근로자들이 직장에서의 부당한 대우를 받지 않도록 하는 제도적 장치이다. 직장 내 민주주의를 확대하기 위해 공공부문 '노동이사제'의 전면 도입을 추진할 필요가 있다. 사업장 내 노사자율 협의를 주도할 '근로자(노동자)대표 위원회'를 상설 제도화하고 근로자 대표의 선출, 임기, 역할, 법적보호 등을 위한 제도적 기반을 마련해야 한다. 계약직, 파견직, 사내하청노동자의 경우 인원에 비례하여 대표를 선출하고 대표위원회에서 직장 내 노동조건, 고충처리 등을 논의할 수 있도록 해야 한다. 아울러 직장 내 괴롭힘을 근절하기 위하여 ILO 190호(일의 세계에서 폭력과 괴롭힘 근절에 관한 협약) 비준을 추진할 필요가 있다.

마지막으로 고용노동행정의 중심을 분쟁 조정이나 정기 점검 수행을 넘어 노동자 권리를 사전에 보호하고 공정한 노동 관행을 보장하는 방향으로 전환해야 한다. 이를 위해 근로감독관에 대한 보다 전문화된 교육, 강화된 권한, 근로자를 위한 구제절차 접근성 향상, 취약 근로자 집단 중심의 행정 우선순위 변경

등이 필요하다. 노동법원 설립과 노동위원회의 실효성을 강화하고 적정노동기준 보장을 위한 근로자(노동자)지원행정을 강화해야 한다.

일하는 모든 사람의 노동안전과 일과 삶의 균형

한국의 연간 근로시간(2023년 임금 근로자 기준 1,874시간)은 OECD 평균(1,717시간)보다 현저히 높다. 범정부차원에서 OECD 평균 이하 노동시간 실현을 위한 노동시간 단축 로드맵을 제시하고 시범사업 실시를 지원하는 등의 조치가 필요하다. 이와 함께, 장시간 노동과 '공짜 노동'을 근절하기 위해 포괄임금제를 금지해야 한다. 사용자의 실근로시간 측정 및 기록을 의무화하고 노동시간 감축에 따라 기존 임금이나 근로조건이 저하되는 것을 방지하는 방안이 필요하다.

일과 삶의 균형을 위해 주별 근무시간뿐만 아니라 연차휴가, '저녁 있는 삶'을 보장할 수 있는 조치도 병행되어야 한다. 중장기적으로는 주 4.5일 근무제로의 전환이 추진될 필요가 있다. 주 4.5일제는 단순한 근로시간의 단축만을 의미하는 것이 아니다. 일과 삶의 균형을 통하여 국민 개개인 삶의 질이 개선되어야 창의적 교육이 확산될 수 있고 노동자와 사업장의 창의성과 생산성의 향상이 이루어질 수 있다. 따라서 근로시간 단축과 일과 삶의 균형은, 보다 혁신적 경제로의 전환을 위해서도 필요한 과제이다.

대한민국의 산업재해 발생률과 재해 사망률은 다른 선진국과 비교할 수 없을 정도로 높다. 우선, 일하다 다치거나 죽는 위험에 대한 기본적인 사회안전망을 확충해야 한다. 일하는 모든 사람을 위한 전 국민 산재보험제가 단계적으로 추진되어야 하고 국가가 우선적으로 보험급여를 보장하는 산재보험 국가책임제의 도입이 필요하다.

'일하다 다치거나 죽지 않게' 노동안전보건체계를 구축하려면, 현행 〈산업안전보건법〉을 모든 일하는 사람들을 보호하는 법체계로 개편하고 정부 내 노동안전보건체계를 통합운영해야 한다. 다양한 산업의 재해예방체계 구축, 재해 발생 시 원인 조사 범위를 확대하여 중대재해 사고뿐만 아니라 새로운 유형의 산업재해에 대응하는 예방체계 구축과 산업안전 R&D와 관련 기술의 보급이 필요하다. 원·하청 통합 안전보건관리체계 구축, 기업 '안전보건공시제'의 단계적 도입도 이루어져야 한다. 유해물질과 위험발생이 예상될 때 노동자가 사업자에 작업중지 및 시정조치를 요구할 수 있는 권리를 부여하는 등 산업안전보건체계에서 노동자 및 노동조합의 실질적 참여를 확대도 검토할 필요가 있다.

산업 및 에너지 전환 시대의 고용 안전망과 직업교육

에너지 전환과 디지털 전환에 따른 산업구조 변화의 추세 속에서 강력한 고용 안전망과 효과적인 직업교육 및 재교육 프로그램은 실직 근로자를 지원하고 노동 이동성을 촉진하는 데 중대한 역할을 한다. 산업전환에 대비하여 미래 기술 요구를 예측하고 사전적으로 양질의 교육을 제공하여, 근로자가 실업 수당에만 의존하기보다는 새로운 성장 분야로 전환할 수 있도록 지원하는 것이 필요하다.

정의로운 전환이란 탄소중립 사회로 이행하는 과정에서 발생할 수 있는 부정적인 사회·경제적 영향을 최소화하고, 그 과정에서 피해를 입을 수 있는 사람들과 지역사회를 보호하며 지원하는 것을 목표로 한다. 정의로운 전환을 위해 고용 안전망 확충, 직업교육 확대, 양질의 녹색일자리 창출, 지역경제 활성화 등을 위한 대책이 필요하다. 특히 에너지 전환과 관련된 산업 부문이 밀집한 지역에서 미래지향적인 신산업 전환, 양질의 지역 일자리 창출과 균형발전이 이루어질 수 있도록 지자체와 중앙정부가 나서야 한다.

공정하고 생산적인 금융시장

공정과 상생이 작동하는 시장을 만들려면 금융시장도 반드시 함께 정비돼야 한다. 그중에서도 핵심은 자본시장과 기업지배구조, 그리고 돈이 흐르는 방향이다. 우선 자본시장 안에서 불공정한 거래를 뿌리 뽑는 것이 시급하다. 법과 제도를 강화해서 불공정 거래가 발붙이지 못하게 만들어야 한다. 둘째, 일반 투자자, 특히 소액주주의 권리를 보호하는 한편 합리적인 기업지배구조를 정착시킬 필요가 있다. 이 두 가지가 제대로 작동하면 자연스럽게 '코리아 디스카운트' 문제도 완화된다. 이와 함께 지금 부동산과 가계대출에 몰려 있는 민간자금을 생산적인 분야로 옮기는 작업도 필요하다. 지금은 돈이 대부분 집 사고 전세금 내는 데 쓰인다. 이 자금을 AI, 에너지, 바이오 같은 생산적인 산업 영역으로 흘러가게 만들면, 금융이 경제 성장의 동력이 된다.

결국 자본시장을 공정하게, 기업지배구조를 합리적으로, 돈은 생산적인 부문으로 흐르게 하는 것이 공정과 상생의 금융시장을 만드는 기본 조건이다. 아래에서는 이 과제들을 하나씩 살펴본다.

공정한 자본시장 만들기

주식시장은 자본주의 경제의 심장으로 여겨진다. 그런데 우리나라 주식시장에 늘 따라붙는 꼬리표 하나는 '코리아 디스카운트'이다. 이는 우리나라 기업들의 가치가 세계 시장에서 제대로 평가받지 못하고 낮게 거래되는 현상을 의미한다. 예를 들어 '주가순자산비율(PBR)'이라는 지표가 있다. 이건 기업의 실제 자산에 비해 주식이 얼마나 평가받고 있는지를 보여 준다. 이 비율이 1보다 작다는 것은 기업이 가진 자산가치보다도 주가가 낮게 평가되고 있다는 뜻이다. 다시 말해, 회사가 당장 문을 닫고 모든 자산을 팔아도 지금의 주가보다 더 많은 돈이 나온다는 이야기다.

2024년 말 기준으로 한국 증시의 평균 PBR은 0.93이었다. 주요 선진국 평균이 3.38이고, 심지어 신흥국 평균도 1.82라는 점을 보면 차이가 확연하다. 같은 지구에 살고 있는데, 주식시장에서 한국 기업은 절반 이하의 가치로 보고 있는 셈이다. 달리 말하면, 코스피 지수가 지금 2,600 정도인데 한국의 PBR이 선진국 수준까지는 아니더라도, 신흥국 평균인 1.82까지만 올라가도 이론상 지수는 5,000에 도달할 수 있다는 계산이 나온다.

한국 기업의 주가는 왜 이렇게 저평가받는 것일까? 전문가들은 그 원인을 세 가지 정도로 본다. 첫째는 시장에 대한 신뢰 부족이다. 주가조작, 미공개정보 이용 같은 불공정 거래가 반복되는데도 처벌은 약하고, 피해자 구제는 느리다. 결국 투자자들은 한국 시장에서 '속는 장사'를 하게 될까 불안한 눈초리를 거두지 못한다. 둘째는 기업지배구조가 여전히 불투명하다는 점이다. 이사회는 형식적이고, 대주주나 경영진의 전횡을 견제할 장치가 약하다. 셋째는 지정학적 리스크다. 한반도의 긴장 상황은 외국인 투자자들에게 늘 불확실성으로 작용한다. 전쟁이 날 가능성이 높지는 않지만, 그 믿음만으로 자금을 넣기엔 전쟁이 날 경우의 리스크가 너무 커 보인다.

코리아 디스카운트를 해소하고 건강한 자본주의 심장을 되찾기 위해 무엇보다 자본시장의 공정한 질서를 확립할 필요가 있다. 우선 자본시장 불공정거래 모니터링 및 범죄 엄단 시스템을 보강할 필요가 있다. 우리나라 주식시장은 오랜 기간 주가조작, 시세조종 등 불공정거래가 만연해 있다는 비판에서 자유롭지 못하다. 문제는 이 같은 불공정 행위가 반복적으로 발생함에도 불구하고 신속한 조사와 강력한 처벌이 제대로 이루어지지 못하고 있다는 데 있다. 이는 곧 시장에 대한 불신으로 이어지고 결국 '코리아 디스카운트'라는 불명예스러운 현상의 주요 원인으로 자리 잡았다.

현행 제도는 금융위원회, 금융감독원, 한국거래소 등 여러 기관으로 불공정거래 조사 업무가 분산되어 있어, 업무의 중복성과 비효율성이라는 문제를 낳고 있다. 이들 기관 간 협력의 어려움으로 인해 조사는 지연되고 처벌도 미온적일 수밖에 없다. 따라서 이 기관들을 통합하여 조사업무의 효율성을 높이고, 신속한 조사와 강력한 제재가 이루어질 수 있도록 시스템을 개편하는 방안을 검토할 필요가 있다.

새 정부는 '원스트라이크 아웃제' 도입을 공약으로 제시한 바 있다. 원스트라이크 아웃제는 주식시장에서 단 한 번이라도 고의적이고 중대한 불공정 거래가 적발될 경우, 즉각 시장에서 퇴출하거나 강력한 처벌을 가하는 제도이다. 이는 '오늘만 넘어가면 괜찮겠지'라는 작은 유혹을 미리 차단하고, 자본시장 범죄의 기대 손실을 크게 높여 범죄 억제력을 극대화할 수 있다. 일각에서는 지나치게 가혹한 제재라는 비판도 나오지만, 시장의 신뢰 회복을 위한 강력한 조치가 불가피하다는 공감대가 형성되고 있다.

한편, 피해를 입은 투자자들에 대한 보상 문제도 간과할 수 없다. 부당행위로 피해를 입은 이들이 극한의 심적 고통을 호소해도 보상받기까지 절차도 복잡하고, 시간도 많이 걸린다. 이런 문제를 해결하기 위해 한국형 페어펀드(공정배상기금) 도입을 추진할 필요가 있다. 이 기금은 불공정거래 행위자에게서 징수한 벌금과 과징금, 부당이득 환수금을 재원으로 삼아 피해자에게 직접 신속히 보상하는 제도이다. 미국의 페어펀드가 성공적으로 운영되고 있는 점을 감안하면 우리나라에서도 효과적인 피해구제 수단으로 자리 잡을 수 있을 것으로 판단된다.

종합적으로 볼 때, 불공정거래 감시 체계 강화, 원스트라이크 아웃제 도입, 페어펀드 설치 등 일련의 조치는 시장에 대한 신뢰를 회복하고 장기적으로 '코리아 디스카운트'를 해소하는 중요한 전환점이 될 것이다. 제도 개혁을 통해 투명하고 공정한 시장의 기반을 마련하는 것이야말로 자본시장 발전을 위한 첫걸음이다.

합리적 기업지배구조의 정착

코리아 디스카운트를 해결하기 위한 또 하나의 근본적인 방법은 기업지배구조를 선진화하고, 일반주주들의 권익을 철저히 보호하는 것이다. 우선 이사의 충실의무를 명문화하여 주주 전체의 이익이 고려될 수 있도록 원칙을 제시할 필요가 있다. 구체적 방안으로 상법을 개정하여 이사의 충실의무 대상에 주주를 포함하는 안과, 자본시장법을 개정하여 합병, 분할 등에 국한된 규제를 도입하는 안이 있는데, 이 중 전자의 상법 개정이 이루어져 2025년 7월 22일부터 시행되었다.

개정된 상법상 이사의 주주 충실의무에 더해 감사위원을 별도로 선출하여 이사회의 독립성을 확보하는 방안도 필요하다. 기존에는 감사위원회가 사실상 경영진의 영향을 받는 경우가 많았는데, 분리 선출을 통해 경영진과 대주주의 영향으로부터 벗어나 독립적이고 철저한 회계 및 업무 감사를 가능하게 하려는 것이다. 나아가 일정 규모 이상의 회사들은 독립이사를 일정 비율 이상 선임하여 이사회의 기능을 견제하도록 의무화하는 것도 필요하다.

또한 집중투표제의 적용을 확대할 필요성도 대두되고 있다. 집중투표제는 이사를 선출할 때 소액주주들에게도 이사회 구성에 영향력을 행사할 수 있는 기회를 주는 제도이다. 각 주주는 선출할 이사의 수만큼 표를 받아 이를 특정 후보에게 몰아주는 방식이다. 하지만 현재 많은 회사들이 정관으로 이를 배제하고 있어 소수주주의 권익이 제대로 보호되지 못하고 있다. 따라서 집중투표제를 제한적으로나마 의무화하고 국민연금 등 주요 기관투자자들이 더 적극적으로 의결권을 행사하도록 유도하는 방안이 필요하다.

최근 이슈가 되고 있는 물적분할 후 자회사의 상장 문제도

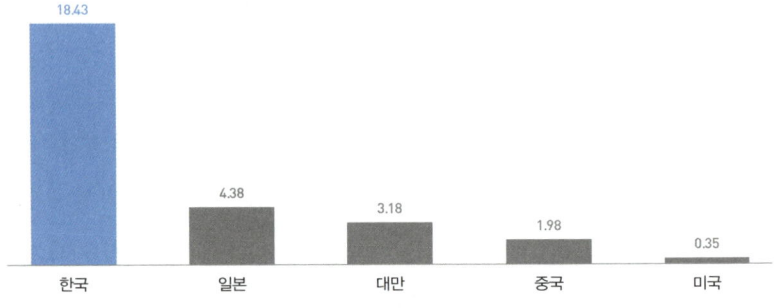

[그림 6-3] **2024년 주요국 중복상장 비율**
자료: IBK투자증권

무시할 수 없다. 국내 시장에서는 자회사를 쪼개 상장하는 이른바 '중복상장'이 자주 발생한다. 이는 기존 모회사의 가치를 크게 훼손할 수 있어 논란이 되고 있다. 따라서 자회사가 상장될 경우 기존 모회사의 일반주주들에게 신주를 우선 배정하도록 하고, 소액주주 보호계획을 반드시 제출하고 공시하도록 의무화하는 방안을 마련할 필요가 있다.

또한 의무공개매수제도를 도입하여 지배권이 바뀌는 상황에서 일반주주들을 보호하는 것도 중요하다. 이는 지배권을 인수하는 경우 일정 비율 이상의 지분을 공개적으로 매수하게 하여 일반주주의 피해를 최소화하는 제도로 이미 많은 해외 국가에서 시행 중이다. 미국은 민사소송 시스템이 잘 되어 있어 별도의 제도가 없어도 유사한 효과를 보고 있다고 평가된다.

구분	매수 요건	매수 대상
EU	회원국 결정(이탈리아 25% 이상, 독일 30% 이상 취득)	잔여주주 보유한 주식 전체
영국	30% 이상 취득	잔여주주 보유한 주식 전체
일본	1/3 초과 취득	해당 주식 공개매수
	2/3 초과 취득	잔여주주 보유한 주식 전체
미국	제도 미도입(민사소송 제도 등 발달)	
한국	30% 이상 취득	50% + 1주 이상 매수

[표 6-1] 주요국 의무공개매수 입법 사례
자료: 금융위원회

마지막으로 회사가 보유한 자사주에 대한 규제도 강화할 필요가 있다. 앞으로 회사가 자기주식을 취득할 경우에는 반드시 소각 목적이어야 하고, 정해진 기간 내에 소각하는 것을 원칙으로 하며, 합병이나 분할 등 중요한 경영상황에서 자사주의 권리를 제한하여 부당한 이익을 방지하는 방안이 논의되고 있다. 이를 통해 기업가치가 왜곡되지 않고 시장의 신뢰도 회복될 것으로 기대된다.

이러한 개혁 조치들은 개별적이지 않고 모두 연결되어 있다. 결국 기업지배구조를 개선하고 주주의 권익을 보호함으로써 코리아 디스카운트를 점진적으로 해소하고, 공정하고 투명한 시장 환경을 구축하는 데 기여할 것이다.

부동산 및 가계대출의 과도한 자금 흐름 방지

현재 은행권의 민간자금은 부동산과 가계대출 쪽으로 과도하게 쏠리면서 기술 혁신과 생산 부문에 충분히 투자되지 않고 있다. 이는 우리 경제의 병목으로 작용하고 있는데, 진짜성장은 AI·에너지·딥테크 같은 미래 산업이나 문화 산업과 같은 혁신 분야에 투자할 때 만들어지기 때문이다. 청년들 사이에서 "한국에는 GPT가 없고 APT가 있다"는 자조적인 말이 퍼진다고 한다. 한국은 미래를 여는 인공지능 기술(GPT) 같은 건 없고, 사람들의 관심과 돈은 지금 당장 가격이 오르는 아파트(APT)에만 몰리는 현실을 비유적으로 꼬집는 것이다.

자금이 부동산에만 주로 몰리다 보니 금융 시스템 리스크도 커지고, 소비도 위축되는 악순환이 반복되고 있다. 특히 우리나라는 미국, 유럽 주요국들과 달리 부채축소(deleveraging)를 거의 경험하지 않았다. 또한 전세라는 민간 레버리지가 금융회사의 신용과 혼재되어 있어 투기적 수요와 함께 단기간에 가계부채가 크게 늘어날 수 있는 환경이다. 향후 부동산 금융 및 가계부채를 안정적으로 관리하기 위해 규제 개선이 필요하다.

2025년 6월 27일 발표된 정부의 가계부채 관리 강화 방안(6·27 대책)은 새 정부 들어서서 수도권을 중심으로 급등하는 집값과 증가하는 가계부채를 억제하기 위한 강도 높은 대출규제 정책이다. 정부는 수도권과 규제지역에서의 주택담보대출 한도를 최대 6억 원으로 제한하고, 다주택자의 경우에는 주택담보대출 자체를 전면 금지하여 투기적 수요를 차단하는 데 중점을 두었다. 특히, 전세대출 중 소유권 이전형 상품을 전면 금지하고, 주택 구입 후 6개월 내 반드시 실거주하도록 입주 요건을 강화하는 등 규제를 보다 엄격히 했다. 또한, 서민층을 대상으로 하는 디딤돌 및 버팀목 대출의 한도를 기존보다 25% 축소하고, 신용대출의 한도를 50% 줄이며, 대출 만기도 최장 30년으로 제한했다. 정책 발표 직후 서울 강남과 한강벨트 등 최근 과열 현상이 두드러진 지역에서는 집값 상승률이 즉각 둔화되고 거래량이 급격히 감소하는 등 단기적으로는 과열을 진정시키는 효과가 나타났다. 실제로 서울 아파트 매매 거래량은 발표 전주 대비 65% 급감하는 모습을 보이며 시장의 관망세가 뚜렷해졌다.

그러나 중장기적으로는 이번 규제만으로 충분한 효과를 거둘 수 있을지에 대해 의문이 제기되고 있다. 특히 강남 등 초고가 주택 시장에서는 현금 매수자의 비중이 높아 정부의 대출 규제가 가격을 효과적으로 제어하지 못할 가능성이 있다. 상대적으로 규제가 약한 수도권 외곽 지역의 풍선효과나 전세대출 금지에 따른 전세 매물 감소로 인해 전월세 시장의 불안정성이 확대될 가능성도 있다. 더불어 과거 비슷한 강도의 규제 조치들이 수개월 내 효과가 소멸한 전례를 고려하면, 이번 대책의 지속성 역시 아직 불확실하다는 평가다. 결국 이번 6·27 대책은 가계부채 증가를 억제하고 단기적인 시장 과열을 완화하는 데는 성공했지만, 근본적인 시장 안정화를 위해서는 추가적인 주택공급 확대나 균형발전 정책 등의 후속 조치가 필요할 것으로 전망된다. 또한 금융 분야에서도 보다 근본적으로 부동산금융이나 가계대출의 규제비용을 높이는 정책이 필요하다.

구체적으로 다음과 같은 방안을 생각할 수 있다. 먼저 가계 또는 부동산 부문에서 발생할 수 있는 편중 리스크 또는 시스템 리스크를 완화하기 위해 금융회사에 완충자본을 부과하는 자본 규제를 도입하는 것이다. 예를 들어 부문별 경기대응완충자본(Sectoral Countercyclical Capital Buffer, SCCyB)의 도입을 검토할 수 있다. SCCyB는 단순한 경기 대응용 자본 강화장치인 CCyB와 달리, 가계나 부동산처럼 특정 부문에 자금이 과도하게 몰릴 때 이를 억제하고자 고안된 제도이다. 예를 들어, 집값이 너무 뛰거나 대출이 급증하면 금융당국이 그 부문에만 추가

자본을 쌓도록 은행에 요구하는 것이다. 한국은 2018년 정부가 SCCyB 도입 계획을 내놨지만 실제 도입은 아직 안 된 상태이다. IMF도 한국에 대한 금융부문평가프로그램(Financial Sector Assessment Program, FASP) 결과보고서(2020. 4월)에서 가계부문 담보·무담보 대출에 대한 부문별 경기대응완충자본을 1~2년 내 도입할 것을 권고한 바 있다. 이는 경제·금융 시스템 전체에 부담이 될 수 있는 높은 가계 부채에 선제 대응하라는 의미이다.

유럽중앙은행(ECB) 분석에 따르면 SCCyB는 특정 부문에만 적용되므로 보다 정밀하게 리스크를 조절하면서, 은행 전체의 위험완화 효과는 CCyB보다 유사하거나 더 낫다고 평가된다. 한국은 가계부채 비중이 높고, 그중 대부분이 부동산 담보대출이라 특정 부문에 과도하게 자금이 쏠려 있다. 따라서 금리 상승기나 경기 둔화 때 위기가 현실화될 우려가 큰 상황이다. 이럴 때 SCCyB를 도입하면 과열 부문만 선택적으로 규제할 수 있고, 금융당국이 플레이 규칙을 손쉽게 조절하며 대응할 수 있다. 스위스는 2013년부터 가계대출에 SCCyB를 적용했고, 2014년엔 2%까지 상향하며 부채 쏠림을 조절하는 데 성공했다는 평가를 받고 있다.

부문별 시스템리스크 완충자본(Sectoral Systemic Risk

Buffer: SSyRB)의 도입도 검토해 볼만한 옵션이다. 이는 특정 산업이나 자산군에 자금이 과도하게 몰려 위험이 커졌을 때, 금융기관이 해당 부문에 대해 더 많은 자기자본을 쌓도록 요구하는 규제 장치다. 즉, 위험한 부문일수록 은행에 '맞춤형 안전벨트'를 채우는 방식이다. 이 제도는 EU의 자본요건지침(CRD IV)에 도입되었으며 바젤 III 체계와 연결돼 있다. 이미 독일, 스웨덴, 노르웨이 같은 나라들은 부동산 가격 급등이나 가계부채가 과도한 시점에 sSyRB를 발동해 금융회사의 자본건전성을 강화하고 있다.

2007년 미국에서 시작된 서브프라임 모기지 사태는 처음엔 일부 저신용자의 주택대출 문제처럼 보였다. 하지만 그 부실이 은행권으로 번지고, 파생상품으로 연결되면서 결국 글로벌 금융위기로 번졌다. 이처럼 금융위기는 대개 작은 부문에서 시작되지만, 전체 시스템을 흔들 수 있는 연쇄 효과를 가진다. 바로 이런 '작은 불씨'를 초기에 차단하기 위한 제도가 SSyRB이다. 현재 우리나라에서는 가계부채 및 부동산 신용 규모가 매우 높아 시스템리스크의 진앙이 될 수 있기 때문에, 이 부문에만 적용되는 '선택적 규제'가 필요하다. SSyRB는 바로 여기에 적합한 제도다.

다음으로 주택담보대출 등의 규제비용을 높임으로써 은행

이 기업대출보다 주택담보대출의 공급을 선호하는 유인을 축소하는 방안을 생각할 수 있다. 예를 들어 표준방법 또는 내부모형을 이용하여 주택담보대출의 위험가중자산을 산출하는 경우 위험가중치 하한을 상향 조정할 수 있다. 주택담보대출의 위험이 지나치게 낙관적으로 인식되는 경우 실제 위기 시 손실이 불거질 수 있다. 하한 상향은 이를 제도적으로 보완하는 안전장치이다. 예를 들어 대출 총액이 100조 원이고 자본비율이 10%인 경우 15% 위험가중치는 자본비용이 1.5조 원이지만, 25%로 높이면 자본비용이 2.5조 원으로 상승한다. 이는 똑같은 크기의 대출이라도 주담대의 경우 자본 쌓는 부담이 크게 늘어난다는 의미다. 따라서 자본 부담이 큰 주담대보다 상대적으로 자본 부담이 적은 기업대출이 더 매력적으로 보이게 되어, 은행이 자금 배분을 다각화하는 방향으로 전략을 조정하게 되는 효과가 있다.

해외 주요국에서도 이 위험가중치 하한을 25% 수준으로 대폭 높여 금융기관의 인센티브를 조정한 사례들이 있다. 홍콩은 2017년부터 내부신용등급 모델(IRB)을 사용하는 신규 주담대에 한해 위험가중치 하한을 15%에서 25%로 상향했다. 스웨덴 역시 2018년 IRB 방식 주택담보대출에 대해 25% 하한을 고정해 적용 중이며, 금융위기 대비책으로 계속 연장하고 있다. 한편 위험가중치를 조정할 때 신규 주택담보대출 취급 분에 대해 적용할지 아니면 기존 대출에 대해서도 적용할지 판단할 필요가 있다. 홍콩에서는 시행 초기 신규 주담대에만 적용하되 기존 계약은 제외한 바 있다.

기업 등 생산적 부문으로의 자금흐름 촉진

앞에서 부동산이나 가계대출 쪽으로 민간자금이 과도하게 몰리는 것을 막기 위해 그에 드는 비용을 높이는 정책에 대해 살펴보았다. 그러나 가계대출이나 부동산에 쏠려 있는 돈의 흐름을 중소·벤처기업 쪽으로 돌리기 위해서는 단순히 한쪽만 조이는 것으로는 부족하다. 두 가지 방향에서 동시에 정책을 펴야 효과를 볼 수 있다. 즉 은행, 종합금융투자사 등 금융회사가 중소·벤처기업에 투자하거나 대출을 하도록 유인을 만들어 줘야 한다. 예를 들어, 중소기업에 대출하면 규제 측면에서 혜택을 주거나, 자금의 일정 비율을 중소벤처기업에 투자하도록 의무화할 수도 있다. 핵심은 부동산 및 가계대출로 가는 돈을 억제하고, 중소기업 쪽에는 길을 넓혀 주는 이 두 가지 작업을 동시에 해야 한다는 것이다. 한쪽만 조이면 돈이 갈 데가 없어지고, 한쪽만 풀면 효과가 미미하다.

먼저 중소·벤처기업에 안정적인 자금공급을 하기 위해 공급망금융(Supply Chain Finance, SCF)을 중심으로 플랫폼 기반 토털 지원이 가능하도록 할 필요가 있다. 좁은 의미의 SCF는 매출채권·재고자산을 담보로 자금을 조달하는 금융서비스이다. 넓은 의미로는 계약 지원, 물류, 재고·영업망 관리, 세무 컨설팅 등 기업 활동 전반을 아우르는 금융-비금융 통합 서비스를 뜻한다. 최근 일부 대형 시중은행들은 디지털 공급망 플랫폼을 통해 구매 업무를 디지털화하고, 데이터 기반 맞춤형 금융을 제공하며, 세무·법률·탄소배출 관리 같은 종합 경영지원 서비스까지 연계하고 있다.

하지만 중소 금융회사들은 플랫폼 구축 여력과 접근성이 부족하다. 이런 문제를 해소하는 방안으로 정책금융기관이 주도하는 오픈 플랫폼을 생각할 수 있다. 예를 들어, 정책금융기관이 중소은행·저축은행 등과 SCF 매칭 플랫폼을 운영하면, 플랫폼에 참여한 기업들이 해당 네트워크 안에서 금전과 물류, 경영지원을 한 번에 받을 수 있게 된다. 정책금융기관이 앞장서 디지털 기반 오픈 플랫폼을 운영하면 빅데이터·블록체인 등 기술을 활용해 정보 비대칭 완화와 리스크 관리를 자동화할 수 있다. 또한 금융 접근이 어려운 중소기업·소상공인도 자금조달 기회를 획기적으로 넓힐 수 있다. 나아가 글로벌 무역망을 고려해 국제 공급망금융 플랫폼과의 연결을 추진하면, 수출입 기업의 경쟁력 역시 동시에 강화할 수 있다.

초대형 투자은행(IB) 제도는 원래 모험자본 공급을 늘려 중소·벤처기업을 키우자는 취지로 만들어졌지만, 실제로는 자금이 부동산이나 대기업 채권에 집중됐다. 이에 따라 발행어음·IMA 조달 자금의 일정 비율을 모험자본에 투자하도록 의무화하는 방안이 필요하다. 이 경우 중소·벤처기업에 자금공급이 대폭 늘어날 것으로 기대된다. 의무화를 도입할 때 주의해야 할 것은 단순히 숫자 채우기 위주가 아니라 투자 대상 성격을 엄격히 가릴 필요가 있다는 점이다. 예를 들어 부동산 프로젝트파이낸싱(PF)이나 SPC 대출 등은 중소벤처가 아니므로 투자 대상에서 제외해야 한다. 진짜 스타트업·혁신기업·중소벤처에 투자된 자금만 인정되도록 기준을 명확히 할 필요가 있다.

다만 발행어음은 만기가 짧기 때문에, 장기 투자가 필요한 스타트업에 자금을 운용하기 어려운 문제가 있다. 이를 해결하기 위해 발행어음 참여 자금을 모아 IMA(종합투자계좌)를 활성화해 여유 자금을 구조적으로 연장하는 장치를 마련하는 방안을 검토할 필요가 있다. 또한 위험관리 능력 강화를 위한 내부 역량 확대 및 투자성과 데이터 구축을 통한 신뢰 축적 등이 필요하다.

한편 우리 경제의 중심인 중소기업이 중견기업으로 자라야 고용과 수출 등에서 지속 가능한 성장 동력이 생긴다. 그런데 이 과정에서 가장 큰 걸림돌은 '정보 부족'과 '자금 접근' 문제이다. 이를 풀 핵심 열쇠의 하나는 관계형 금융(Relationship Banking) 이다. 관계형 금융은 단순 대출이 아니라 기업과 금융회사가 긴밀히 연결되어, 정보생산·모니터링·컨설팅까지 함께하는 금융을 뜻한다. 중소기업이 성장 가능성을 갖추면, 은행·증권사 등은 이미 쌓은 정보를 바탕으로 장기적·맞춤형 지원을 할 수 있다. 그 결과 금융과 기업의 연속성 있는 거래 체계가 형성된다.

이와 관련하여 여러 방안들을 검토할 수 있다. 먼저 금융그룹 계열사들의 중소기업 투자-융자-정보생산 등을 결합하여 금융그룹 계열사 간 시너지를 제고하는 방안이다. 두 번째로 종투사 또는 은행의 관계형 금융을 활성화하는 방안, 세 번째로 정책금융기관의 중소기업 지분 보유를 활성화하는 방안을 생각할 수 있다. 종투사, 정책금융기관 등이 관심 기업의 지분을 보유하거나 컨설팅까지 수행하면 자연스럽게 정보 생태계가 구축되고, 안정적인 금융 지원이 이어질 수 있다. 금융회사의 중소기업 지분 투자와 무담보 대출을 비교하면 위험의 크기는 비슷하다고 할 수 있다. 그러나 지분 투자의 경우 주가 상승에 따라 자본이익을 얻을 가능성이 있다. 향후 중소벤처기업에 대한 관계형 금융이 활성화되어 금융회사의 모니터링 및 컨설팅 기능이 제대로 발휘될 수 있도록 제도와 관행을 개선해 나갈 필요가 있다.

7

**대한민국
진짜성장의 기반**

진짜성장을 위한 금융개혁

진짜성장을 위해서는 정부가 직접 인프라 구축, 연구개발, 인력양성과 같이 생산에 투입되는 요소공급을 확충하는 것도 필요하지만, 개인과 기업이 혁신역량을 쌓고 이를 자유롭게 펼칠 수 있는 제도적 환경을 마련하는 것도 필요하다. 현재 한국에는 과거에 형성되어 유지되면서 혁신을 가로막는 제도적 장벽들이 존재하는데, 이를 바꾸는 것이 제도개혁이다. 진짜성장의 기반을 마련하기 위해서는 금융개혁, 규제개혁, 재정개혁, 공공부문 개혁, 교육개혁 등 제도개혁이 필요하고, 우리 경제의 장기 성장동력을 훼손할 수 있는 저출산고령화와 불평등 문제도 해결해야 한다.

제도개혁 중 먼저 금융개혁의 방향은 금융부문의 자금이 부동산이나 대출 같은 비생산적인 분야가 아닌 생산적 부문으로 흘러가도록 한다는 것이다. 현재 금융권 자금은 대부분 주택 등 부동산 투자에 쓰이고 있다. 그래서 우리나라 부동산 가격이 높고, 자연스럽게 가계가 가진 자산 중 부동산 비중도 크다. 2024년 4월 말 기준으로, 우리나라 가계자산의 75.2%는 부동산 같은 실물자산이고, 예금이나 주식 같은 금융자산은 24.8%에 불과하다.[45] 미국(30%), 영국(42%), 싱가포르(39%)와 비교해 부동산 쏠림이 매우 심각하다.[46]

이런 실물자산 쏠림은 가계부채 문제와도 연결된다. 한국의 가계가 보유한 부동산은 많은 경우 주택담보대출이나 전세보증금 같은 '레버리지', 즉 빚을 활용해 사들인 것이다. 한국의 GDP 대비 가계부채 비율은 최근 3년간 다소 낮아졌지만, 여전히 세계에서 가장 높은 수준이다. 특히 전세보증금까지 포함하면 다른 나라에서는 찾아볼 수 없을 정도로 압도적이다. 기업 부채를 봐도 부동산업과 건설업의 부채 비중이 크고, 그 증가 속도도 빠르다. 이 역시 우리 경제의 자금 흐름이 얼마나 부동산 중심으로 왜곡되어 있는지를 보여 준다. 이제는 금융의 흐름을 바꿔야 할 때다. 돈이 부동산이나 가계대출이 아닌, 기술혁신과 생산으로 향하게 만들어야 진짜성장이 이루어질 수 있다.

가계부채 문제를 해결하려면 과도한 '레버리지', 즉 빚을 이용한 투자를 줄이는 게 핵심이다. 이건 단순히 금융정책 차원을

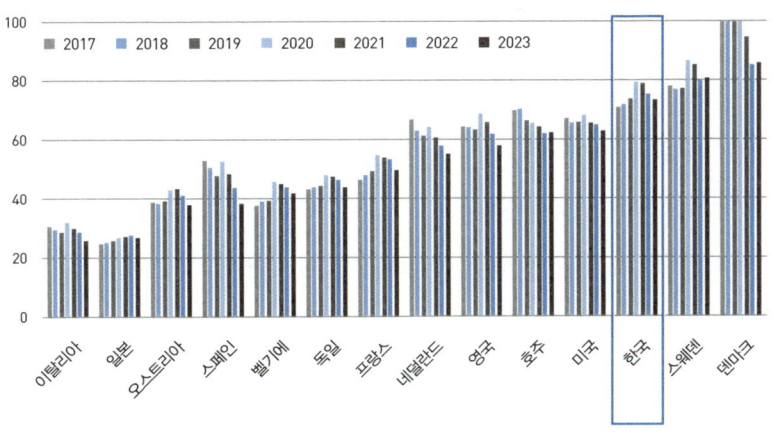

[그림 7-1] **GDP 대비 가계신용 비중 추이 국제 비교**
자료: 한국은행

넘어, 부동산 시장을 정상화하는 데도 중요한 역할을 한다. 집값은 원래 수요와 공급에 따라 움직여야 한다. 그런데 빚을 많이 끌어다 쓰는 투기적 수요가 끼어들면 시장이 왜곡된다. 이런 투기적 자금은 제대로 관리해야 한다. 민주당 대선공약에도 가계부채를 안정적으로 관리하겠다는 방향이 포함되어 있다. 이를 위한 구체적인 정책들은 6장에서 살펴본 바와 같은데 이 정책들은 단순히 부채를 줄이려는 게 아니라, 돈이 생산적인 곳으로 흐르도록 유도하려는 목적도 있다.

 돈의 흐름을 바꾸는 것과 관련하여 '국민펀드'를 주목할 필요가 있다. 국민펀드는 정부와 민간이 함께 만드는 펀드로, AI·

반도체·바이오 같은 첨단산업에 집중 투자하는 방식이며, 단순히 펀드를 조성해서 분산 투자하는 데 그치지 않고 글로벌 수준의 기업을 키우는 데 초점을 맞춘다. 예를 들어, 중소벤처기업이 자라서 TSMC나 Nvidia 같은 세계적인 기업으로 성장하도록 밀어주고 이 과정에서 생긴 수익의 일부는 다시 국민에게 돌아오도록 한다. 국민이 낸 돈으로 미래 산업을 키우고, 그 결실도 국민이 함께 누리는 구조인 것이다. 우리 경제의 미래는 AI, 반도체, 바이오 같은 산업에 달려 있다. 국민펀드는 이 분야에 자금을 집중적으로 밀어주기 위한 새로운 시도다. 정부의 산업육성정책의 최종 목표가 인프라를 구축하는 것만이 아니라 '될만한 기업'을 집중적으로 키워서 진짜 글로벌 강자를 만들어 내는 것이라는 점에서, 국민펀드는 정부의 목표달성 의지를 담보하는 수단이 될 수 있다.

펀드 형태와 관련하여 주목할 제도가 있다. 바로 민주당 대선공약에 포함된 '기업성장집합투자기구(BDC)'다. 이름은 다소 낯설지만, 핵심은 간단하다. BDC는 투자자들이 낸 돈을 모아 유망한 벤처나 혁신기업에 투자하는 펀드다. 한 번 투자하면 중간에 돈을 빼기 어려운 구조(폐쇄형)이지만, 대신 주식시장에 상장해 언제든 팔 수 있게 해 환금성을 높인다. BDC는 보통 5년에서 최대 20년까지 장기간 운용된다. 부동산처럼 오래 묻어 두는 투자처가 필요한 사람들에게 좋은 대안이 될 수 있다. 다시 말해, 이 펀드는 단순한 자산 운용을 넘어서, 미래 산업을 함께 키우는 데 돈을 보탠다는 의미도 가진다. 투자자는 수익을 기대하고, 기업은 성장자금을 확보하는 구조다.

국민펀드를 통해 성장산업에 자금이 원활하게 공급되게 하려면 국민 자금이 유입될 수 있는 통로도 넓혀야 한다. 민주당 공약에는 퇴직연금이 벤처에 투자할 수 있도록 허용하고, 연기금의 벤처펀드 투자도 늘리겠다는 계획이 담겨 있다. 국민들이 낸 연금이 미래 산업에 투자되고, 그 수익은 다시 국민에게 돌아오는 방식이다. 예를 들어 싱가포르의 테마섹은 투자 수익으로 정부 재정을 보완해 준다. 덕분에 국민과 기업의 세금 부담이 줄어들고, 2024년 기준 세부담 경감 효과가 17.8%에 이른다고 한다. 우리도 비슷한 시스템을 만들면, 펀드 수익이 늘수록 정부 재정이 튼튼해지고, 국민이 체감하는 혜택도 커진다. 게다가 국민이 직접 BDC 같은 펀드에 투자했다면, 기업이 잘 될수록 투자 수익을 챙길 수 있다.

미래 산업을 키우려면 모험자본이 필요하지만, 금융시스템의 안정성 역시 중요하다. 이 두 가지가 잘 어우러지도록 하기 위해 금융감독 체계를 손볼 필요가 있다. 먼저, 금융정책과 금융감독을 분리하는 것이 바람직하다. 그래야 혁신적인 금융정책을 밀어붙이면서도, 소비자 보호나 시장 감시를 제대로 챙길 수 있다. 지금처럼 정책을 만드는 곳과 감독하는 곳이 섞여 있으면, 새로운 시도의 추진력이 약해지거나, 소비자 보호가 느슨해질 수 있다. 또한 대외 금융정책과 국내 금융정책이 따로 움직이는 지금의 구조도 문제다. 이런 이원화된 체계는 정책의 일관성과 효율성을 떨어뜨릴 수 있다. 해외 주요국들을 보면, 일본을 빼고는 대부분 금융정책을 총괄하는 부처와 감독기관을 분리해 운영하고 있다. 정책은 정책대로 추진하고, 감독은 감독대로 견제할 수 있도록 시스템을 짜놓은 것이다. 이런 식의 분리가 있으면 자본시장 감독업무도 보다 효과적으로 이루어질 수 있을 것으로 보인다.

구분	한국	미국	영국	독일	호주	일본
금융정책	금융위	재무부	재무부	재무부	재무부	금융청
금융감독		FRS, OCC	PRA, FCA	BaFin	APRA, ASIC	

[표 7-1] 주요국의 금융산업정책 및 금융감독 업무 분장

금융소비자를 제대로 보호하려면 지금의 구조로는 부족하다. 그래서 금융감독원 안에 있는 '금융소비자보호처'를 떼어 내

서, 독립된 '금융소비자보호원(금소원)'을 새로 만드는 방안을 검토할 필요가 있다. 금소원이 생기면 금융소비자보호법, 대부업법, 보이스피싱 관련 특별법 등 소비자 권익을 지키는 일을 전문적으로 맡을 수 있다.

한편, 분쟁 해결 방식도 바꿀 필요가 있다. 지금은 금융회사가 분쟁조정위원회의 결정을 꼭 따를 의무가 없기 때문에, 소비자가 불리한 경우가 많다. 이를 개선하기 위해 '편면적 구속력(One-sided Binding Force)' 제도를 도입하자는 의견이 나온다. 이 제도가 시행되면, 일정 금액 이하의 분쟁에서는 금융회사가 조정 결과를 반드시 따라야 한다. 소비자 입장에서는 훨씬 든든해지는 셈이다. 이미 영국, 독일, 호주, 이탈리아, 네덜란드 같은 나라들은 이런 식으로 분쟁조정기구의 결정을 강제하는 제도를 운영 중이다. 우리도 도입하려면 소액 기준을 정해야 하는데, 대체로 1천만 원이나 2천만 원 정도가 적절할 것으로 보인다. 이는 현재 소액사건심판법의 기준인 3천만 원보다 낮은 수준이다.

한편 과거 '빚내서 집사라' 같은 정책이 재연되지 않도록 거시건전성정책의 독립성을 높일 필요가 있다. 이를 위해선 경제·금융 당국 간 협업 체계를 강화하는 것이 중요하다. 예를 들어 기재부, 한국은행, 금융위원회, 금감원, 예금보험공사 등이 함께 참여하는 '금융안정협의회'를 법으로 명문화하는 방안이 있다.

현재는 대통령 훈령에 따라 '거시경제금융회의'가 운영되고 있지만, 이를 법적 기구로 격상해 각 기관의 책임과 역할을 더 명확히 할 수 있다.

가계부채나 부동산 PF(프로젝트 파이낸싱) 부실처럼 전체 경제에 영향을 줄 수 있는 위험요인이 생기면, 정부 전체가 힘을 모아 대응해야 한다. 이때 실무를 담당할 사무국을 별도로 두고, 효율적으로 움직일 수 있는 방안도 함께 고민해야 한다. 또 하나 중요한 것은 정책의 일관성이다. 지금까지는 정권이나 정치적 상황에 따라 가계부채 관련 정책이 자주 바뀌면서 집값도 들썩이고, 사람들의 기대도 뒤흔들렸다. 이제는 이런 관행을 끊어야 한다. 가계부채 관리 정책은 단순한 집값 잡기 수단이 아니라, 금융시스템의 안정성을 지키는 거시경제 정책이다. 따라서 정치의 영향에서 벗어나, 중립적이고 독립적으로 추진될 수 있는 제도적 장치를 마련해야 한다.

진짜성장을 위한 규제개혁

디지털대전환과 기술급변의 시대에 규제개혁은 국가의 중요한 과제이다. 디지털 융복합 시대에 선도자(first mover)와 혁신기업이 출현하기 위해서는 기업가 정신을 붙잡는 낡은 규제를 타파하고, 지금보다 더 적극적인 규제개혁 노력이 필요하다. 또한 글로벌 공급망 재편과 주요국의 산업정책 부활로 인해 한국도 신성장 산업 발굴 노력이 그 어느 때보다 긴요해졌다. 신성장 산업 발굴과 이를 통한 진짜성장을 추진하려면 낡고 분절된 구시대적 규제에 대한 개혁은 반드시 요구되는 선결 과제이다. 예컨대 2025년 IMD 국가경쟁력 평가 결과에 따르면 우리나라는 종합순위가 전년 대비 7단계 하락하며 69개국 중 27번째를 기록했다. 종합 순위 하락에 기업 효율성과 인프라 분야에서의 순위 하락 영향이 큰 것으로 분석된다.

규제개혁은 규제담당 기관과 광범위한 당사자들에 대한 이해조정의 문제이다. 모든 종류의 개혁에는 관련된 당사자들의 이해관계가 얽혀 있고, 개혁으로 현재의 기득권을 잃게 되는 계층으로부터 반발이 불가피하다. 따라서 개혁을 성공시키려면 이들로부터 제기되는 이해의 충돌과 갈등에 대한 극복이 수반되어야 한다. 마찬가지로 행정규제 개혁도 기존 수혜자인 기득권층의 집단적 반발이 뒤따르기 때문에 이들을 설득하기 위한 국민적 합의와 이해당사자들로부터 수용성 확보가 필요하다. 이 과정에서 강력한 정부의 리더십이 필요한데, 이를 위해 규제개혁 기구의 지배구조 개선도 요구된다.

건설산업에서의 규제개혁을 대상으로 한 한국건설산업연

원(2025)의 보고서에 따르면 기존 이익집단 간 충돌로 인해 손해를 보는 이해관계자들의 반발이 예상되고, 복수 부처 간 의견이 충돌될 경우에 부처 간 의사 합치가 이뤄지기 어려웠다. 또한 정치·행정 차원의 준비와 리더십이 부족할 경우에는 이것이 오히려 개혁의 걸림돌이 되기도 한다는 점도 지적되었다.

구분	상세
이해관계자의 저항	손해를 보는 이해집단의 저항이 예상되는 경우 규제 개혁의 회피
복수부처	중복 규제 등 여러 부처와 관계되어 있거나 특정 부처 내부에서도 이해관계 상충되는 경우
정치적 리더십 부족	청와대, 국회 등 정치적 지원이 부족한 경우
추상적 규제개혁안	규제 개혁안이 추상적 거대담론 수준으로 구체성이 없는 경우
일회성 규제개혁	담당자 전보 등으로 인해 지속성과 일관성이 없는 일회성 개혁안인 경우

[표 7-2] **규제개혁의 실패 원인 분석**
자료: 한국건설산업연구원(2025.4), 연구보고서 '건설산업 재탄생 전략' 중 '1장 산업체계 대전환'의 이슈페이퍼: 개별 가치와 손쉬운 정책 목적 달성 중시, 산업을 오히려 제약하는 과도한 건설규제 개혁(전영준,김민주)

이런 현상은 건설산업 현장에 국한되는 문제가 아니라 수많은 다른 분야에서도 동일하게 발생해 왔던 문제이다. 예컨대 에너지·반도체·로봇·전기차 등 신산업·벤처기업·스타트업 규제 개선 이슈, 부동산·물류·항공·철도·스마트시티 이슈, 환경 관련 사업, 의료·바이오헬스·돌봄 서비스·사회복지 관련 산업, ICT·통신망·AI·데이터·클라우드 사업, 핀테크·디지털 금융산업, 방송·플랫폼·콘텐츠 산업 등에서도 동일한 문제가 발생하고 있다.

물론 규제개혁 과정에서 국민 생활의 안전과 이용자보호라는 정부의 책무가 내버려져서는 안 된다. 규제개혁 과정에서 약자에 대한 보호와 소위 사회적 규제라는 안전, 건강, 환경, 소비자보호 이슈는 강화 내지는 현상 유지되어야 한다. 이러한 점에서 규제개혁은 규제 합리화라고도 부를 수 있다. 아래에서는 규제개혁기구의 개편, 규제샌드박스 활성화, 규제비용평가제도, 디지털 및 에너지 전환과 관련된 규제 합리화에 대해 하나씩 간략히 살펴본다.

첫째, 규제개혁 기구의 개편이다. AI 융합(AI-X)과 같은 신사업·기술 분야에서의 규제개혁과 갈등 조정을 위해서는 범정부 차원의 규제개혁 기구 정비가 선행되어야 한다. 정부조직과 관료제의 구조적인 문제, 기존 시장참여자의 기득권, 정보비대칭성 등으로 인해 발생하는 갈등과 의견충돌을 해소하려면 강력한 리더십, 다시 말해 의견충돌을 해소할 규제개혁 기구가 반드시 필요하다.

이재명 정부는 출범하면서 인공지능(AI) 산업에 대한 '규제혁신'과 '생태계 육성'을 핵심 국정과제로 전면에 내세웠다. 관련해서 대통령실 내 AI 수석보좌관실을 신설하였고, 범정부 AI 전략기구를 설치해 부처 간 협의·규제 조정, 민관 협력 및 정책 조율을 강화하는 거버넌스 체계 구축을 추진할 계획도 있는 것으로 알려져 있다. 나아가 전략적으로 필요하다면 AI 이외에 다른 신성장산업들에 대해서도 이러한 규제개혁 시스템의 도입도 고려해 볼 수 있을 것이다.

둘째, 규제샌드박스 활성화와 원칙·우선적으로 사업을 허용(실행)하고 예외·사후적으로 규제(보완)하는 실질적인 네거티브 규제 체계로의 전환을 추진해야 할 것이다. 이를 위해서는 샌드박스와 같은 '신속 트랙(Fast Track)'과 기존 규제 간 원활한 의사조율을 담당할 규제조정 기구도 도입할 필요가 있다. 이를 위한 물적 기반으로 원스톱행정, 규제개선 과정 진전에 대한 IT 기반 추적 시스템(tracker)과 포괄적 마지노선(규제개혁 여부에 대한 결정시한) 도입 등도 고려할 필요가 있다.

2025년 4월, 대한상공회의소는 정치권에 광역 단위 특구를 묶어 자율주행·UAM·AI 산업에 대해 규제를 대폭 완화하는 '메가샌드박스' 도입을 제안했다. 이는 기존의 샌드박스 체제하에서 신성장분야 사업을 추진하면서 기업들이 느낀 한계점들을 극복하기 위한 것으로 보인다. 2019년 도입된 현재의 규제 샌드박스는 신산업·신상품에 대해 일정기간 규제를 면제하거나 유예하고 문제가 없다고 판단되면 법을 고쳐 규제를 없애자는 제도이다. 하지만 이익집단의 반발과 부처 간 충돌 등에 밀려 3년간의 실증특례를 거치고도 사장되는 사례가 많았다. 즉 규제 샌드박스가 혁신을 촉진하기보다는 시장에서의 개혁 요구에 대한 면피 사례로 활용된 측면이 적지 않았던 것이다. 2019년 이후 6년간 샌드박스를 통해 1,819건의 실증특례가 이뤄졌지만, 이 중 법 개정(규제 개선)까지 이어져 시장에 출시된 사업은 429건

[그림 7-2] 메가샌드 박스 예시
자료: KBS, 영남일보

(23.5%)에 불과했다는 사실이 이를 반증해 주고 있다.[47]

셋째, 각 부처와 지자체 등에 흩어져 있는 훈령(행정명령)들을 원점(zero base)에서 검토하고, 규제비용 평가를 통해 규제의 효율성을 높일 필요가 있다. 사실 훈령과 법령을 합한 법규의 정확한 숫자가 공개된 바 없어서 일반 국민들이 양 법규를 제대로 파악할 수가 없다. 실제 훈령과 법령은 각각 다른 절차와 체계를 통해 관리되기 때문에 총합을 파악하기 어렵다는 문제도 있다. 그러나 새로운 사업에 대한 인가나 허가를 받아야 하는 사업자 입장에서는 자신의 사업 성패에 영향을 미칠 규제가 어떤 것인지, 무슨 내용인지를 사전에 알 수 없다는 두려움이 신사업 추진을 주저하게끔 만든다는 문제가 있다. 훈령에 기재된 내용이 반드시 필요한 것들이라면 시행령으로 올리더라도, 그렇지 않은 것들은 폐기하여 피규제자가 느끼는 이중·삼중의 규제 부담을 줄여 주는 것도 고려해 볼 필요가 있다.

규제는 도입 당시 불거졌던 특정한 사회적 문제의 해결을 목표로 하지만, 규제에 따른 비용은 흔히 간과되거나 저평가된다. 또한 도입 당시에 기대했던 효과가 기대와 달리 나타나지 않기도 한다. 따라서 규제의 사회적 비용을 최소화하기 위해서는 원칙적으로 모든 규제에 대한 입법영향평가 또는 규제비용평가가 필요하다. 다만, 일시에 모든 규제에 규제비용평가를 도입할 경우에는 비효율적일 뿐만 아니라 피감자의 반발 우려도 커서 특정 분야를 타겟팅하는 방식으로 점진적으로 확대해 나갈 수 있다. 전임 정부에서는 2022년에 규제비용 감축을 위해 신규 규제를 1개 도입하면 기존 규제 2개를 일몰하는 제도인 '원인-투아웃(One-In, Two-Out) 제도'를 도입한 바 있다. 그러나 해당 제도에 대한 대국민 체감도가 높지 않았기에 신정부에서는 효과성 검토를 통해 제도를 개편할 필요가 있다.

마지막으로 규제 합리화이다. 디지털 전환 및 탄소중립과 관련된 규제를 합리화하여 친환경 산업의 성장을 유도함과 동시에, 국민의 안전과 이용자 권리 보호가 경시되지 않도록 규제 합리화를 중장기 과제로 추진해야 한다. 그리고 자율규제기구를 원칙·성과 기반하에서 규제합리화의 관리도구로 활용하는 것도 고려해 볼 필요가 있다. 산업규제와 관련해서는 원청 사업주의 국민의 안전 및 건강, 소비자 보호 관련 예방 의무를 명확히 규정하고, 예방을 위한 사전 투자를 강화하도록 하는 방안을 생각해 볼 수 있다. 관련해서는 사후 배상책임을 무겁게 하는 방안이 많이 논의되고 있으나, 사전에 기업들이 국민의 안전이나 소비자 보호를 위한 투자도 적절히 했는지 여부를 점검하는 방식으로 논의의 초점을 옮겨 보는 것도 고려해 볼 수 있겠다.

전략적 전환을 위한 재정 혁신

지금까지 한국의 재정은 경기가 꺾일 때마다 돈을 풀어 경기를 살리는 데 집중해 왔다. 글로벌 금융위기, 코로나19 같은 위기 때마다 정부가 앞장서서 단기 대응에 나선 것이다. 하지만 이제는 단기적인 처방이 아니라 경제 체질을 바꾸는 진짜성장이 필요한 시점이 되었고, 이를 위해 재정의 방향도 달라져야 한다.

이재명 정부는 앞으로 AI, 에너지, 딥테크 같은 미래 기술에 과감히 투자하겠다고 밝혔다. 이는 단순히 한두 해가 아니라 5년, 10년을 내다보는 장기 투자 계획이며, 미래 인재 양성, 산업구조의 디지털·친환경 전환 목표까지 포함한다. 따라서 진짜성장을 위한 재정개혁은 단순히 예산의 총액을 늘리거나 줄이는 문제가 아니고 '어디에 얼마나 쓰느냐'를 근본적으로 다시 설계하는 것이다. 여기에는 성과가 없거나 시대에 뒤처진 사업들은 과감히 정리하고, 생산성과 경쟁력을 높이는 분야에 아낌없이 투자한다는 방향성이 필요하다. 민간이 적극 참여하는 연구개발(R&D)도 늘리고, AI에만 100조 원을 투자하는 것도 그 일환이다. 말하자면, 이제 재정도 '몸 만들기'에 들어간 셈이다. 경제 전환의 시기 재정도 급한 불 끄기에서 벗어나, 튼튼한 체력과 민첩한 두뇌를 갖춘 경제를 만들기 위한 투자로 나아가야 할 것이다.

구분	기존 재정운용 방향

정책목표	단기대응중심
	• 2009년 글로벌 금융위기 대응 추경
	  → SOC 중심 부양(도로, 철도 등)
	• 2020년 코로나1·2차 추경
	  → 긴급재난지원금, 소상공인 지원 등

지출방향	총 수요 확대지향 (소비 진작, 이전지출 중심) • 2020~2021년 3차례 재난지원금 지급 → 소비 촉진 중심 일시 부양책
투자방식	재정분산 투자(지역안배, 부처간 나눠먹기) • 2021년 지역균형뉴딜 → 17개 시도 개별 사업에 예산 분산 • R&D 예산: 부처별 수천 개 과제 중복 진행

사업평가 및 구조조정	형식적 평가, 연례적 구조조정 미흡
	• 2022년 예산 성과평가 결과
	  → 대다수 사업이 '보통 이상' 판정
	  → 사실상 예산 퇴출 거의 없음

구분	전환 이후 재정운용 방향
정책목표	지속가능한 성장과 체감가능한 경제 대도약 지향 • AI·에너지·딥테크 등 미래기술 투자 • 3·3·5 비전(AI 3대 강국, 성장률 3%, 국력 5강)
지출방향	총공급 능력 강화 지향 (기술력, 산업역량, 인재 투자) • AI 고속도로 구축 • RE100 산업단지 조성 • 중소벤처 스케일업 투자 확대
투자방식	전략적 집중 투자(핵심 분야 중심의 집중적 R&D기반 인프라 투자) • 100조 AI 투자 펀드 • 바이오, 방산, 우주항공 등 6대 첨단산업 • 대경·충청 첨단 산업벨트 구축
사업평가 및 구조조정	성과 기반 구조조정 및 재량지출 재편 확대 • 매년 저성과 사업 재편 계획 반영 • 민간이 참여하는 R&D 성과 평가체계 정비

[그림 7-3] **재정운용 전략 방향 변화**

미래를 위한 재정, 해답은 세입에 있다

나라 살림에서 '돈을 어떻게 쓸 것인가'만큼 중요한 게 '돈을 어디서 어떻게 마련할 것인가'이다. 지금처럼 고령화가 빨라지고 복지 수요가 늘어나는 시대엔, 재정의 지속가능성을 더 이상 미룰 수 없다. 더 오래, 더 건강하게 나라 살림을 운영하려면 세입 기반부터 튼튼하게 다져야 한다.

먼저, 조세감면 제도를 손질할 필요가 있다. 너무 과도하거나 불공정하게 세금 혜택을 받아 온 부분을 조금씩 바로잡고, 세금 제도를 더 공정하고 효율적으로 다듬어야 한다. 동시에 디지털 경제, 플랫폼 산업, 탄소 배출 같은 새로운 경제활동에 대해서 제대로 세금을 걷는 시스템을 만들어야 한다. 새로 생긴 부가가치를 놓치지 않고 공정하게 과세해야 한다는 것이다.

또 한 가지 중요한 것은 보다 과학적인 세입 추정, 즉 '세금이 얼마나 걷힐지'에 대한 예측이다. 최근 몇 년 동안 정부는 세수가 얼마나 들어올지 제대로 예측하지 못해 수십조 원 규모의 세수 부족 사태를 겪었다. 이는 단순한 실수가 아니라, 예측 체계가 낡고 부실하다는 경고 신호였다. 정부는 더 과학적인 방법으로 세입 추정을 하는 체계를 만들어야 한다. 예컨대 한국조세재정연구원 등 공공연구기관에 '세입추계 공공연구 플랫폼'을 만들고, 여기에 민간의 빅데이터와 인공지능(AI) 기술을 적극 활용해 예측의 정확도를 높이는 방법을 생각해 볼 수 있다. 쉽게 말해, 세금이 얼마나 걷힐지를 이제는 '감'이 아니라 '데이터'와 '모형'으로 분석하는 것이다.

책임 있는 재정은 세금을 더 걷는 것도 아니고 무작정 아끼는 것도 아니다. 예측 가능한 세입 기반 위에 미래를 대비한 효과적 투자를 하는 것, 그것이 지금 정부가 바꾸고자 하는 재정의 새 모습이어야 한다.

과제	추진 내용
조세지출 정비	고소득층·대기업 감면 정비, 조세지출 투명성 강화
신경제 과세 확대	플랫폼·디지털 자산·탄소 등 새로운 과세 대상 체계화
세입추계 고도화	공공연구 플랫폼, AI 및 데이터 활용 예측모형 도입
지속가능재정 체계 구축	지속가능성 지표 도입, 고령화 재정 리스크 진단, 기금관리 개선 등

[표 7-3] 세입 기반 강화 및 지속가능재정 체계 구축 과제

정부와 공공부문 개혁

성숙한 민주주의의 발전을 이끌고 21세기 국가와 인류가 직면한 시대적 도전을 해결할 수 있는 스마트한 문제 해결형 정부로 전환하기 위해 정부와 공공부문의 혁신이 필수적이다. 우선 조직 구성을 문제 해결에 가장 효율적인 방향으로 재정비하고 혁신적 성과관리 체계를 구축하는 것이 첫 번째 과제이다. 개별 조직과 공공기관의 인사 그리고 의사결정이 전문성과 책임성을 존중하여 투명하게 이루어지는 합리적 공공지배구조를 확립하

는 것이 두 번째 과제이다. 이 두 개혁 과제를 완수함으로써 정부와 공공부문의 역량을 선진국 수준에 걸맞게 업그레이드하지 못한다면 다른 선진국과의 경쟁에 뒤처져 경제의 성장잠재력 개선과 제2의 도약을 이루기 어려울 수밖에 없다.

정부 조직의 개편을 통해 기능별 책임성을 높이고 상호 견제와 균형의 원리가 작동할 수 있도록 해야 한다. 여러 권한이 하나의 조직에 집중될 때 기능별 책임성이 흐려지고 집중된 권력을 악용한 지대추구 행위의 인센티브가 형성된다. 민주적 통제의 원리에 따라 정부 조직을 국민의 이익에 가장 효율적으로 봉사할 수 있는 구조로 재정비해야 한다. 경제정책의 기획과 예산 그리고 조세와 재정관리의 기능이 통합된 기획재정부, 금융시장의 감시, 금융산업정책 그리고 금융소비자 보호의 기능이 통합된 금융위원회 등 정부조직 개편의 필요성이 오랫동안 제기되어 왔다. 탈탄소 에너지 전환에 대비하여 환경부와 산업통상자원부의 역할 조정 그리고 기후에너지부의 신설에 대한 필요성 역시 학계와 사회에서 제기되고 있다. 그 밖에도 공공부문의 중복과 비효율을 해소하기 위해 공공기관의 기능을 전면 재점검하고, 이를 바탕으로 통합 및 폐지를 포함한 효과적인 재편을 추진해야 한다. 특히, 부처 간 또는 중앙정부와 지방정부 간 소관이 중첩된 사업 및 기관에 대해 역할을 명확히 하여 기능 중심의 기관 체계를 확립할 필요가 있다.

구분	개편 전	개편 후
기관 기능	유사·중복 기능 다수 존재	기능 중심 통합·폐지 추진
경영평가	정량 중심, 실제 성과 반영 미흡	국민 체감 중심, 성과 반영 강화
인사·보상 시스템	연공서열, 성과와 무관한 보상	성과 연동 보수 및 제재 강화
부처·지자체 기능 구분	소관 중첩 다수, 역할 불명확	역할 명확화, 기관 체계 재편

[표 7-4] **공공기관 기능 정비 및 운영체계 개편의 핵심 방향**

혁신적 성과관리를 위해서는 우선 공공기관의 경영평가 체계를 전면 개편하여 평가의 전문성과 일관성을 확보하고 공공기관의 사회적 책무를 충실히 반영할 수 있는 평가 체계의 구축이 필요하다. 개별 공공기관의 미션을 반영하여 서비스 질 향상이나 비용절감과 같이 국민이 실질적으로 체감할 수 있는 성과지표를 개발하여야 한다. 목표 대비 성과를 기관장 및 주요 임원 보수 삭감, 성과급 제한, 인사 및 조직 조정 등의 제재와 연계함으로써 책임 경영을 강화해야 한다.

정부의 정책 기조와 매년 구성되는 평가단에 따라 급변하는 현재와 같은 공공기관 평가 체계는 전문적 경영과 기술혁신이 요구되는 공기업과 같은 조직의 지속 발전을 저해한다. 예를 들어 현재 에너지 산업의 주축인 에너지 공기업은 종속적 지배구조하에 정부 부처의 하부 조직과 같이 작동하고 있다. 에너지 시장의 가격이 시장 원리에 반하여 정책적으로 결정되고 있는 것은 에너지 시장과 산업을 왜곡하는 중요한 원인이다. 전력, 가스 등 에너지 가격에 대한 독립적인 의사결정 기구를 구축하여 시장의 원리에 따라 효율적 에너지 생산과 소비 관리가 이루어지도록 해야 한다. 대신 저소득 가구과 취약집단의 에너지 기초 소비를 보장하고 중소상공인의 에너지 가격 부담을 경감하기 위해서는 에너지 바우처와 같은 재정 지출을 활용하는 방식이 바람직하다. 지역별로 에너지 가격을 차등할 수 있게 되면 에너지 송배전 비용을 보다 공정하게 부담하게 할 수 있다. 가격체계에 의해 형성되는 시장 자율의 인센티브는 전국적으로 지역 내 탈탄소 에너지 공급망을 구축하는 원동력으로 작동할 수 있을 것이다.

 공공부문 개혁의 또 다른 핵심 과제는 공공부문의 투명성과 신뢰를 높이기 위해 낙하산 인사 및 지대추구 행태를 효과적으로 차단하고 관리체계를 강화하는 것이다. 이를 위해 퇴직 고위 공무원의 공공기관 재취업과 관련한 취업심사제도의 실효성을 높이고, 공공기관 임원 선임 시 외부 전문가가 참여하는 인사위원회를 제도화하여 공정성과 투명성을 강화해야 한다. 또한 민간위탁사업, 보조금 지원사업 등에서 특정 단체나 이해관계자에게 편중되는 구조를 점검하고, 성과 감사 및 예산 환수 체계를 강화함으로써 공공부문의 투명성과 공정성을 확보할 필요가 있다.

교육개혁

천연자원도 물적 자본도 부족했던 한국경제가 단기간에 산업화하고 선진국 수준에 이르기까지 경제발전을 지속할 수 있었던 원동력은 무엇일까? 개발경제학자들이 공통적으로 말하는 원동력이 풍부한 양질의 노동력, 인적자본이다(UNDP, 2017; Todaro & Smith, 2020). 무엇이 이처럼 양질의 인적자본의 지속적 공급을 가능할 수 있게 했는가? 한국은 교육을 중시하는 전통적 사회질서와 문화를 배경으로 국민 전반의 교육열이 매우 높았다. 그리고 이처럼 높은 교육열은 농지개혁과 같은 부의 재분배와 결합되어 공교육의 빠른 확산으로 이어질 수 있었다.

1968년 '7.15 교육개혁'으로 중학교 무시험 입학이 실시된 후 51%였던 중학교 진학률이 1981년 75%를 상회하는 수준으로 높아졌다. 1984년 중학교 의무교육제가 법제화되면서 중등교육이 보편화되고 고등학교 진학률도 1981년 54.1%에서 2003년에 90%를 넘어섰다. 대학진학률도 빠르게 상승해 1991년 33.2%였던 대학진학률은 10년 만에 70%를 넘어섰고, 이후 줄곧 70~80%를 유지하고 있다.(김영철, 2018). 이처럼 1960~1970년대 산업화, 1980~1990년대 제조업 생산성 확대, 그리고 2000년대 첨단기술의 발전과 선진국 진입이라는 단계별 도약에 필요한 인적 자본의 공급은 초중등교육 그리고 고등교육의 확대 정책과 어우러져 일어났음을 확인할 수 있다.

특히 세계 최고 수준의 고등교육 이수율이 한국 경제성장의 중요한 요소인 인적자본 축적에 토대가 되어 왔다는 사실은 부인할 수 없다. 그러나 추격형에서 선도형으로 전환되어야 하는 현재 한국경제의 상황에서는 기존 교육체계의 한계점들이 드러나고 있다. 대략 최상위 2.8%의 고등학생들이 진학하는 이른바 명문대의 경우 출신가구의 사회경제적 배경이 상위권인 입학생들의 비중이 증가하고 반대로 하위권인 입학생들의 비중은 크게 줄었던 것으로 나타나 사회계층 간 교육기회불평등이 심각한 수준으로 나타난다(주병기, 2021).

전통적으로 교육이 계층상승의 가장 중요한 통로라는 것은 한국사와 문화에 뿌리 박힌 관념이었고 실제로 이런 문화적 전통이 높은 교육열을 만들고 인적자본의 성장으로 이어졌다. 교

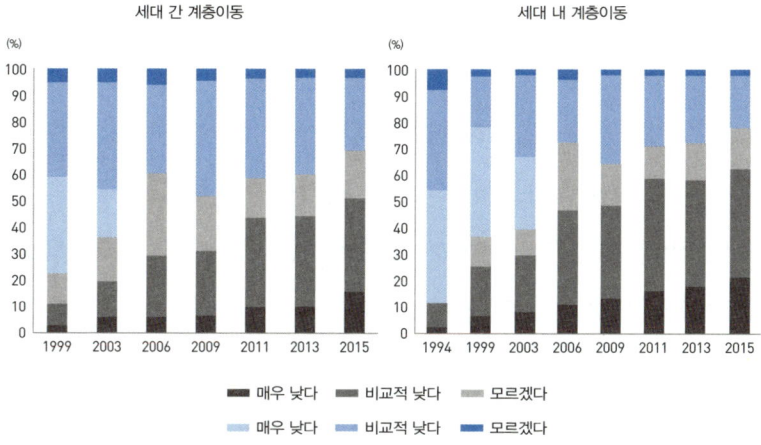

[그림 7-4] **계층이동에 대한 사회인식 변화, 1994~2015**
자료: 신지섭, 주병기(2021)

육의 계층사다리 기능을 훼손하는 교육기회 불평등의 문제는 한국경제의 지속발전의 관점에서 심각하게 바라봐야 할 경보이다. 실제로 2000년대 이래로 현재까지 세대 간 혹은 세대 내 계층이동에 대한 부정적 인식이 5배 이상 급속히 확대되었다는 것을 [그림 7-4]의 사회인식조사에서도 확인할 수 있다.

기술 변화가 요구하는 역량과 교육제도 간의 불일치도 점점 심화되고 있다. 특히 AI가 산업뿐만 아니라 국민 삶의 많은 영역을 변화시키고 있는 가운데, 한국은 디지털 인프라 강국임에도 불구하고, 여전히 교육제도는 산업화 시대의 프레임에 머물러 있다는 비판을 받고 있다. 예컨대 AI 기술의 발전은 반복적 업무의 자동화를 가속화시키며, 고숙련·창의성 기반 직무에 대한 수요를 증가시키고 있으나 기존의 주입식 교육은 이러한 변화에 부합하지 않는다. 미래인재는 '답을 하기보다 질문을 할 수 있는 능력', '융합적 사고력', '디지털 리터러시', '윤리적 판단력' 등을 갖춰야 한다. 그러나 현재 교육체계는 이러한 역량 함양보다는 지식 전달에 치우쳐 있어 노동시장과의 괴리를 낳고 있다. AI 시대 교육개혁의 방향은 암기 위주의 교육에서 벗어나 '창의력', '비판적 사고', '협업 능력', '디지털 리터러시' 등 미래형 역량 중심으로 교육과정을 개편하는 것과 디지털·AI의 개발 및 활용 능력을 키우는 것이다.

교육개혁은 '모두의 성장' 전략과 밀접히 관련되어 있다. 모든 국민의 역량강화(교육개혁)와 지식확산을 촉진하고 공평한 참여 기회를 보장하는 한편, 실패 이후에도 재도전할 수 있게 함으로써 성장의 기회와 그 과실을 국민 전체가 실질적으로 누리도록 해야 한다. 전 국민에게 새로운 기술을 배울 기회를 제공하는 방향으로 교육개혁을 추진하여 국민의 창의성과 역량을 강화하면서 동시에 기술에 대한 접근성 격차로 인한 불평등도 완화해야 한다.

또한 기업생태계에서 지식확산이 원활히 일어나도록 장려하여 기업 간 상생 협력을 촉진할 필요가 있다. 생산 과정에 대한 공평한 참여 기회를 제공하고, 동시에 사회안전망을 강화함으로써 실패를 두려워하지 않고, 자신들의 능력을 충분히 발휘하도록 해야 한다.

인구변화와 진짜성장

오늘날 한국 사회는 세계에서 가장 낮은 출산율을 기록하고 있으며, 해마다 신생아 수가 줄고 있다. 단순한 인구 감소를 넘어, 이는 교육·노동·연금·국방 등 국가 시스템의 지속 가능성 전반에 경고등을 켜고 있다. 2022년 조앤 윌리엄스 캘리포니아대 명예교수가 인터뷰에서 한국의 합계 출산율이 0.78명임을 듣고 두 손으로 머리를 부여잡은 채 "대한민국 완전히 망했네요"라

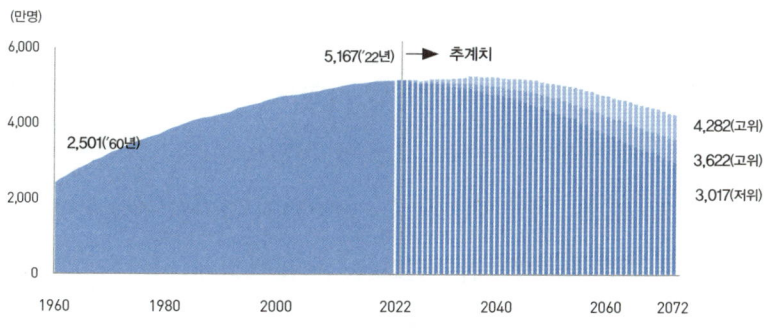

[그림 7-5] 한국의 총인구 변동 및 전망(1960~2072년)
자료: 통계청(2023)

고 언급한 것은 유명하다.

사실 한국의 합계 출산율은 2022년보다 더 떨어져 2023년 0.72명, 2024년 0.75명을 기록했다. 한국의 총인구는 2021년 처음으로 감소한 후 2023년과 2024년 소폭 반등해 5,175만 명인데, 통계청의 분석에 따르면 중위 추계 시나리오 가정 시 2025년부터 감소세로 전환되어 2030년 5,131만 명 수준으로 줄어들고, 2072년 3,622만 명(1977년 수준)에 이를 전망이다.[48]

한국의 인구는 규모가 축소되고 있을 뿐 아니라 그 구조 역시 급속하게 바뀌고 있음에 유의할 필요가 있다. 특히 생산연령인구는 2022년 3,674만 명에서 향후 10년간 332만 명 감소하여 2072년에 1,658만 명 수준에 머물 것으로 전망된다. 고령인구는 2022년 898만 명에서 2072년에는 1,727만 명까지 증가할 전망인 데 반해 청년인구(19~34세)는 2022년 1,061만 명에서 2072년에 450만 명 수준일 것으로 보이기 때문이다. 이와 같은 인구구조 변화에 따라 생산연령인구 1백 명당 부양할 인구를 나타내는 총부양비는 2022년 40.6명(노년 24.4명)에서 계속 높아져 2072년 118.5명(노년 104.2명)까지 증가할 전망이다.

이와 같은 급격한 인구변화는 한국 사회에 다양한 과제를 제기한다. 우선 인구의 급격한 감소는 충분한 병력을 유지하지 못하는 안보위기는 물론 국내의 성장기반과 성장영역 축소 문제

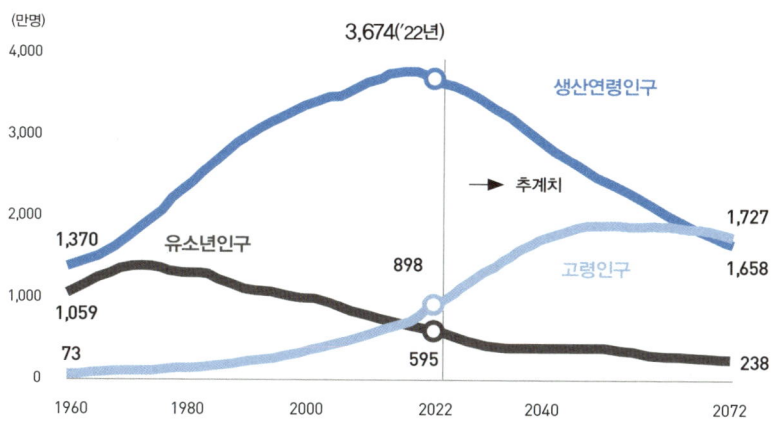

[그림 7-6] 연령별 인구구조 (1960~2072년)
자료: 통계청 (2023)

를 야기한다. 생산인구의 감소와 저출산, 지역소멸은 중장기적인 성장잠재력의 문제이기도 하지만 단기적으로 내수 부진을 가져오는 요인이기도 하다. 또한 고령화로 대표되는 인구구조 변화는 노동인구 감소 및 직종·산업 간 노동수급 불균형을 불러올 수 있다.

진짜성장 전략은 경제 부문에 초점을 맞추고 있기 때문에 장기간에 걸쳐 진행되는 범사회적 문제인 저출산이나 인구변화에 대한 직접적인 정책 처방을 논하지는 않는다. 그러나 진짜성장 전략 역시 인구변화를 감안하여 만들어졌으며 이에 대한 다양한 정책과제들을 포함하고 있다.

진짜성장 전략은 기술주도 성장, 모두의 성장, 공정한 성장의 세 축으로 이루어져 있다. 첫 번째 진짜성장 전략인 기술주도 성장에서 핵심은 AI라고 할 수 있다. AI는 그 자체가 거대 규모의 새로운 산업임과 동시에 경제 전체에 광범위하게 활용되어 생산방식을 변화시키고 생산성을 증대시킬 수 있는 도구이다. 따라서 진짜성장 전략에서 AI는 하락하고 있는 잠재성장률 반전을 위한 필수 수단이다. 나아가 AI 기술이 도입되어 노동생산성을 높이거나 사람의 노동을 대체하는 것은 향후 노동인구 감소 등 인구변화에 대한 효과적인 대응책이 된다.

두 번째 모두의 성장은 소수 대기업뿐 아니라 중소기업, 벤처기업, 지방 지역, 소상공인, 자영업자, 근로자 등 모든 국민이 자신의 능력을 키우고 함께 성장하는 것을 의미한다. 이를 통해 인구 감소나 지역의 쇠퇴, 경제 축소 문제를 해결할 수 있다. 이철희(2024)에 따르면 한국의 경우 현재 여성과 장년(50~64세) 인구의 경제활동참가율이 비교적 낮은 편이다. 이들을 포함한 국민 모두의 참여를 이끌어냄으로써 인구감소로 인한 노동력 감소를 완화할 수 있다.

한편 국민참여 성장 전략을 위한 주요 과제의 하나는 지역에도 공정한 성장의 기회를 제공하여 국토 전체가 혁신의 공간이 될 수 있는 생태계를 구축하는 것이다. 이를 통해 국민 역량의 토대인 모두의 성장은 성장영역을 넓힐 뿐 아니라 성장의 씨앗으로서 기술주도 성장과 보완 관계를 가지게 된다. 결국 온 국민에 걸쳐 혁신과 성장의 기회를 제공하는 것인데 이는 한편으로 인적자본의 질을 개선하는 효과가 있다. 이에 따라 노동생산성이 늘어나면 노동력이 줄어드는 것을 반감시켜 실질적인 노동투입 규모를 유지할 수 있게 된다.

이처럼 진짜성장 전략은 여러 가지 인구변화 대응책을 포함하면서 동시에 저출산 완화 정책도 제시한다. 인구문제 전문가들은 일반적으로 인구정책을 인구변화 대응책과 저출산 완화 정책으로 나누는데 진짜성장 전략은 두 가지 모두를 포함하고 있는 것이다. 물론 지금까지 설명된 진짜성장 전략에는 현금지원, 보육시설 구축, 보육비 지원, 육아휴직 확대 등 직접적인 저출산 완화책들이 언급되지 않았다. 하지만 한국의 저출산 현상에 큰 영향을 미치는 것으로 알려진 청년 고용불안, 높은 주택가격, 수도권 집중 등의 문제[49]를 완화하는 정책들을 포함하고 있다.

우선 진짜성장 전략 자체가 한국경제의 성장동력을 회복하는 것을 주요 목적으로 하는데 이는 청년 고용 창출과 바로 연결된다. 아울러 진짜성장의 지역성장 전략은 지역 특화 전략산업 육성과 지역투자 촉진으로 지역을 성장시키고 청년 및 지역 중심의 일자리를 창출하는 것이다. 각 지역은 부존자원과 인프라를 최대한 활용할 수 있는 지역의 대표전략산업을 육성하고 일자리를 창출한다. 중앙정부는 이를 적극 지원함으로써 모두의 성장을 구체화하는 것이다. 이 과정에서 지역에 좋은 일자리가 생기고 수도권 집중이 완화됨으로써 저출산 완화에 도움이 될 수 있다.

또한 수도권으로의 인구 유출을 막고 지역으로의 유입을 증가시키기 위한 지역의 교육, 문화 등 정주환경 개선도 지속적으로 추진된다. 이에 따라 인력유출 → 기업유출 → 일자리 감소 → 추가 인력유출의 악순환이 끊어지는 경우 지역 및 경제 성장은 물론 출산율이 올라가는 효과도 있을 것이다.

진짜성장 전략에는 시중의 자금흐름을 바꾸는 과제도 포함된다. 지금처럼 돈이 부동산이나 대출 같은 비생산적인 분야에 몰리는 것을 막고 기술, 제조업, 바이오 같은 산업으로 자금이 흘러가도록 하는 것이다. 이를 통해 나타날 수 있는 부수적인 효과는 주택 등 부동산 가격 하락이고, 그 경우 청년들이 직면하는 주거불안의 문제가 덜해지고 결혼율과 출산율도 오를 수 있다. "은마아파트 10억 되면 아이 낳는다"는 제목의 언론 기사[50]는 주택문제가 얼마나 저출산에 중요한 영향을 미치는지 상징적으로 보여 준다.

결국 진짜성장 전략은 청년고용 창출, 지역 성장을 통한 수도권 집중 완화, 주거불안 해소 등을 통해 저출산 현상을 완화하게 됨을 알 수 있다. 진짜성장 전략은 원래 경제성장의 원동력을 회복하려는 것인데 한국경제 성장의 핵심에는 청년이 있으므로 어찌 보면 당연한 결론이라고 할 수 있다.

기본사회와 진짜성장

기본사회란 간단히 말하면 '모든 국민에게 기본적인 삶이 보장되는 사회', '국가와 사회가 국민의 기본적인 삶의 보장을 위해 다 같이 노력하는 사회'를 뜻한다. 앞서 진짜성장을 위한 여러 조건과 방안을 이야기했다. 독자 중에는 지금까지 진짜성장을 이야기했는데 갑자기 왜 기본사회가 나오는 걸까 의아한 사람도 있을 것이다. 하지만 기본사회야말로 진짜성장을 위해 필요한 기반(fundamental) 중 하나이다. 즉, 진짜성장은 기본사회라는 토대가 갖추어진 환경에서 제대로 된 효과를 낼 수 있는 것이다. 아래에서는 기본사회가 무엇인지, 기본사회는 어떻게 움직이는지, 왜 기본사회가 진짜성장의 기본조건인지 간략히 설명한다.

기본사회에서 '기본적인 삶'은 단순히 최저수준이 아니라 우리 헌법이 보장하는 '인간이라면 누려야 할 기본적인 권리(기본권)', 국민이 좋은 삶을 살기 위해 당연히 필요한 것들이 충족되는 삶을 의미한다. 이러한 삶은 단순히 생명이 유지되거나 입고 먹는 것만을 의미하지 않는다. 안전한 생활을 할 권리, 국가 권력에 억울하게 억압받거나 구속받지 않을 권리, 정치적 의사를 표현할 권리, 아플 때 경제적 여건에 상관없이 적절한 치료를 받고 건강할 권리, 추울 때는 따뜻하게, 더울 때는 시원하게 몸을 누일 수 있는 집에서 살 권리, 내가 필요한 공부를 걱정 없이 하고 자신이 하고 싶은 일을 할 수 있는 권리 등 기본적 삶을 위해서는 무수히 많은 권리가 보장되어야 한다. 그리고 이러한 권리는 서로 긴밀하게 연결되어 있다. 몸이 아파 건강권이 보장되지 않으면 내게 필요한 공부를 편히 하기 어려워 교육권이 보장되기 어렵다. 좋은 교육을 받아 교육권이 보장되어도 종교적, 문화적 이유로 표현의 자유가 제한되면 정치적 권리가 제한되는 결과로 이어진다. 요컨대 기본적인 삶을 위해서는 여러 권리가 필요한 동시에 이러한 권리들은 상호의존적이기 때문에, 헌법이 보장하는 모든 권리가 최대한 충분하게, 다 같이 보장되어야 한다. 그리고 기본사회에서는 이를 위해 필요한 정책을 최우선에 두고 추진한다.

이렇듯 기본적인 삶을 위한 권리는 헌법에 자세히 규정되어 있다. 헌법을 만드는 주체, 즉 국가의 주인은 국민이기에 헌법에서는 개요(총강)를 설명하자마자 주인(국민)의 권리와 의무를 2

장에서 규정한다. 2장의 첫 조항인 제10조에서는 모든 국민이 인간으로서 존엄한 존재이며, 행복을 추구할 권리가 있다고 강조한다. 11조는 법 앞에 모든 국민이 평등함을 천명한다. 이후 12조부터 36조까지 위에서 말한 다양한 권리와 의무를 제시하며, 37조에는 설사 열거되지 않은 권리라도 국가가 침해할 수 없다고 강조한다. 기본사회는 이러한 국민의 기본권을 최대한 보장해 인간다운 삶을 누릴 수 있게끔 하는 사회인 것이다. '기본권을 최대한 보장한다'라는 말을 곱씹어 보자. '기본권은 당연히 보장되던 것 아니야?'라며 의아한 사람도 있을 것이다. 하지만 곰곰이 생각해 보면, 그간 우리 사회는 국민이라면 당연히 누려야 할 권리를 충분히 보장하지 못했다. 제헌헌법이 제정되고 근 40년이 지나서야 민주화를 통해 정치적 자유를 보장하게 되었는데, 지난 12.3 불법 계엄으로 다시 위협받았다. 사회적 권리는 더욱 취약하다. 지금도 참사나 사회적 재난으로 인해 기본적인 안전이 보장받지 못하고 있으며, 우리 노동시간은 세계적으로도 길고 산업재해가 빈번해 노동권이 제대로 보장되지 못하고 있다. (의무교육이 아닌) 무상교육이 고등학교까지 확대된 것도 비교적 최근의 일이다. 아이와 노인을 돌보고 돌봄을 받을 권리는 여전히 취약하다. 의료 역시 가족 중 크게 아픈 사람이 있으면 기둥뿌리가 뽑힌다는 표현이 무색하게 많은 비용이 들고 가족들이

고통을 감내해야 한다. 서울을 비롯해 대도시에 살면 조금 낫지만, 지방이나 외진 곳에 사는 사람은 자가용이 없으면 어디를 이동하기도 어렵다.

우리가 무의식적으로 별문제 없이 넘기지만, 이렇듯 우리 사회는 삶의 많은 영역에서 국민이라면 누려야 할 권리를 제대로 보장하지 못했다. 의료보험 실시나 기초생활보장제도, 기초연금 같은 소득지원 제도 도입 등 조금씩 진전도 있었지만, 여전히 인간다운 삶을 위해서는 안전, 보건, 복지, 교육, 주거, 노동, 교통, 통신 등 여러 영역에서 부족한 부분을 채워 주고, 누구든 자격이나 조건에 상관없이 필요하다면 지원을 받을 수 있어야 한다. 이는 국가의 주인인 국민이라면 당연한 권리이기 때문이다. 소득 역시 마찬가지이다. 일정한 소득이 있어야 필요한 것을 구매하고 자신에게 투자해 기본적인 생활을 영위할 수 있다. 모두에게 동일하게, 많은 소득을 보장하긴 어렵지만 적어도 소득이 적어 곤경에 빠지는 것만은 막아야 한다.

기본사회는 이 점에서 기존의 복지국가와 유사하지만, 이를 보다 발전적인 형태로 계승하고 있다. 필요나 욕구에 따라 지원하지만 근본적으로는 그것이 국민의 기본적 권리이기 때문에 국가 공동체의 의무로써 지원하는 것이며, 가급적 제한이나 심사를 두지 않으려 한다. 권리라는 점에서는 영국의 사회학자인 마샬(T. H. Marshall)이 복지국가를 시민권의 실천이라 설명한 것과 일맥상통한다. 그러나, 기존의 복지보다 더 넓은 범위, 사회, 경제, 환경을 아우르면서 반드시 국가만이 아니라 민간과 시민사회 등 우리 공동체의 여러 주체가 같이 참여하고 협력해 만들어 가는 역동적인 과정이라는 점에서 발전적인 계승이고, 자격과 심사에 많은 부분 의존하던 우리 복지체제를 뛰어넘으려는 구상이다.

이렇듯 기본적 삶의 보장에 소득 역시 일정하게 보장되어야 한다는 것은 방금 위에서 언급하였다. 하지만 소득의 보장을 모두에게 같은 수준으로, 꼭 똑같이 지원하는 것은 아니다. 흔히 기본사회라 하면 기본소득을 연상한다. 정부 재정을 들여 소득·재산에 상관없이 모든 국민에게 일정 수준으로, 무상으로 지급하는 방식을 생각한다. 그래서 기본사회를 하면 돈이 많이 든다거나, 일하지 않는데 돈을 준다는 오해를 한다. 하지만, 기본소득이 향후에라도 기본사회에서 생각해 볼 수 있는 여러 정책 중 하나가 될 수는 있지만, 이것이 반드시 필요하거나, 지금 당장 해야 하는 것은 아니다. 오히려 기본사회의 소득보장 정책은 생애주기와 지역 특성에 따라, 지출이 많은 시기와 상대적으로 취약한 지역에 특성을 살려 지원하는 방식이다. 기존의 소득보장 제도를 강화하고 지역 특성에 맞는 소득지원 제도를 확대해 촘촘하게 연결하는 것이 기본사회의 소득보장체계다.

살면서 수입보다 지출이 많은 시기는 주로 아동기, 청(소)년기, 노년기이다. 아동수당 지원 기간을 늘리고 청년미래적금 같은 제도로 청년이 사회생활을 시작하는 시점에 일정한 목돈을 갖고 시작할 수 있게끔 지원하거나, 연금제도를 잘 고쳐 안락한 노후를 보낼 수 있게 하면 재원을 효율적으로 운영하면서 상대적으로 곤궁한 시기를 걱정 없이 보낼 수 있다. 농·어업인이나 문화예술인 같이 사회적으로 가치 있는 일을 하지만 경제적으로 취약한 사람에 대해 사회적 가치에 대한 보상으로서 기본소득을 지급하거나, 햇빛바람연금처럼 일조량과 풍력이 풍부한 지역의 특성을 살려 소득을 지원하고 에너지 문제도 해결하는 일석이조 정책도 있다. 이렇게 생애주기(시점, 가로축)와 지역과 하는 일의 특성(세로축)에 따라 소득보장제도를 연결하면 우리의 소득지원은 촘촘한 격자형태(grid)가 된다. 그렇다면 지금 당장 보편적 기본소득이 아니더라도 소득이 어려워 삶의 기회를 포기하는 일을 많이 줄일 수 있다. 이후에 재정이 넉넉해지고 기본사회의 수준도 높아지면 보다 포괄적이고 높은 수준의 제도도 꿈꿀 수 있게 될 것이다.

소득지원으로 기본적인 재화나 서비스를 구매할 수도 있지만, 어떠한 것들은 직접적으로 공적인 서비스가 제공되는게 바람직한 경우도 있다. 오히려 지금까지 우리 사회는 많은 사회서비스(social service)가 시장에서 공급되는 바람에 서비스 품질은 떨어지고 지역과 소득수준에 따라 누릴 수 있는 서비스 격차가 커지는 문제가 빈번했다. 도시와 농촌 간에 병원이나 어린이집에 접근하는 접근성 격차가 커졌고, 돈이 많아야 질 좋은 의료, 돌봄서비스를 구매할 수 있었다. 이는 시민의 권리라는 기본사회의 관점에서 바람직하지 못한 상황이다. 이를 해결하고 국민이라면 누구나, 필요하다면 양질의 서비스를 제공받기 위해 기본의료, 기본돌봄, 기본주거, 기본교육, 기본교통 등 기본사회에서는 기본서비스가 상당히 중요한 정책이 된다.

각각은 국민의 권리를 보장하기 위한 일련의 제도들로 이루어진다. 예를 들어 기본의료는 기본적인 건강권을 위해, 지역과 소득에 상관없이 일정한 수준의 진료를 받을 수 있는 환경을 마련해야 하고, 이를 위해 지역을 중심으로 일차의료를 강화해 지역 간 의료 격차를 줄이면서, 예방과 건강관리 중심으로 국민의 건강을 돌보는 제도들이 중요하다. 그래서 1·2차 의료기관, 지역 상급종합병원의 역량이 강화되도록 지원하고 마을 단위에서는 주치의제도를 확대하는 정책이 강화된다. 돌봄과 관련해서는 병원이나 시설이 아닌 마을에서 이웃과 어울려 살다 존엄한 노후를 맞이할 수 있도록 지역사회 통합돌봄 사업이 중요해지고,

부부가 맞벌이를 하더라도 자녀가 양질의 돌봄을 받고, 부모 역시 돌봄 부담을 경감해 아이를 키울 수 있는 온 동네 초등돌봄이나 영유아 무상보육 사업 등이 핵심 제도가 된다. 이는 모두 생애 어느 시점에서든, 누구나 돌보고 좋은 돌봄을 받을 권리를 보장하기 위한 정책들이다. 교통 역시, 서울이나 수도권, 대도시에서는 기존의 교통 인프라를 활용해 대중교통을 저렴하게 이용하게 해서 이동권을 보장하는 동시에, 비수도권, 읍면지역에서는 지역의 상황과 재정적 여건에 따라 수요응답형 교통수단(DRT)이나 교통약자를 위한 교통수단을 확충해 지역 실정과 특성에 맞는 교통서비스를 확대하게 된다.

상황과 실정에 맞게, 재정적 여건과 특성을 감안해 정책 수단을 선택하지만, 그 목적은 어디까지나 국민의 기본적 권리를 보장하기 위한 것이다. 이 점에서 기본사회의 원칙은 다양한 정책 실험과 지역 주도, 그리고 실용주의와 실사구시 정신이다.

이렇듯 생애주기 소득보장과 기본서비스를 통해 기본적인 삶을 보장할 수 있지만, 이 모든 일을 정부가 다 하는 것은 현실적으로 쉽지 않다. 그래서 기본사회에서는 사회연대경제(social and solidarity economy)의 역할이 중요하다. 사회연대경제는 협동조합이나 사회적기업, 소셜벤쳐, 마을기업 등 사회적 목적과 민주적 운영을 우선으로 하는 경제주체들 혹은 이들이 주도적인 경제적 역할을 하는 경제를 의미한다. 민간기업과 비슷하지만, 사회연대경제 주체는 이윤을 추구하더라도 사회적 목적과 공익적 가치를 우선하고, 이윤의 많은 부분을 사회를 위해 환원하는 점에서 차이가 있다. 동시에 운영도 조합원들의 1인 1표 원칙에 따라 민주적으로 운영한다. 사회연대경제가 기본사회에서 필요한 이유는 첫째, 앞서 밝혔듯 국가가 모두 지원하기 어려운 서비스를 제공하는 주체이기 때문이다. 예를 들어, 돌봄협동조합, 의료생활사회적협동조합, 재생에너지협동조합, 주거협동조합 등은 각각 돌봄, 의료, 에너지, 주거 서비스를 공급하는 데 큰 역할을 담당하고 있다. 전주 의료사협, 남양주 별내 위스테이 협동조합, 여주 구양리 햇빛발전소는 이를 잘 보여 주는 대표적인 사례이다. 둘째, 사회연대경제의 특성상, 시장에만 맡겨 두면 특정 지역이나 고이윤 부분에 서비스가 집중되고 다른 지역, 부분에 공급되지 못하는 불균형 문제를 해소하는 데 도움이 된다. 지금도 많은 사회적기업은 비수도권, 지방, 농어촌에서 자율적으로 활동하며 지역에 부족한 공적 서비스를 공급하고 있다. 셋째, 사회적기업을 비롯한 많은 사회연대경제 주체는 그 자체로 고용을 창출하고 특히 경력보유 여성, 발달장애인 등 취약계층 고용을 창출해 일자리를 늘리는 데 도움이 되고, 보다 많은 사람의 사회경제적 참여를 이끌어 낸다. 뒤에서 언급하겠지만, 기본사회는 보다 더 많은 사람들의 참여를 이끌어 내고 이들의 참여가 성장을 뒷받침해 진짜성장으로 이어지는데, 이 과정에 사회연대경제는 중추적인 역할을 수행한다. 넷째, 협동조합과 마을기업은 주민들이 지역의 문제를 스스로 찾아내고 해결해 가며 민주적으로 운영되기 때문에 활동 그 자체로 생활 속의 민주주의이자 풀뿌리 민주주의이다. 사회연대경제의 활동을 통해 보다 많은 시민이 공적인 의사결정에 참여하고 공동의 문제 해결에 나설 수 있게 된다. 사회연대경제를 통한 민주주의 체험학습은 국가적으로 중요한 의사결정과정에도 시민이 자연스럽게 참여할 수 있는 기반이 될 것이다.

지금까지 기본사회를 간략히 설명했다. 모든 국민의 기본적 삶을 보장하고자 소득, 주거, 의료, 돌봄, 교통, 노동, 교육 등 생활과 밀접한 영역 전반에서 생애주기 및 지역 특성 소득보장제도, 기본서비스, 사회연대경제 제도가 확대되거나 활성화되는 사회이다. 그렇다면 이러한 기본사회는 진짜성장에 어떻게 도움이 될까?

먼저 기본사회는 모든 국민에게 기본적 삶과 기회를 보장한다. 그래서 일생에 걸쳐 원할 때 공부하고 자신의 역량을 기를 수 있다. 지역 특성을 살린 소득보장과 지역 중심의 기본서비스 확대는 이러한 인적자본 축적의 기회가 지역에 관계 없이 고르게 확산됨을 의미한다. 이는 진짜성장의 3대 전략 중 '모두의 성장'이 제대로 실현될 수 있는 토대가 되는 것이다. 무상교육과 평생학습, 영유아 시기 양질의 돌봄은 개인의 창의력과 역량을 높이는 데 도움이 되고, 사회적 다양성을 높인다. 실제로 많은 연구가 어린 시절 좋은 돌봄을 받을수록 성인이 되었을 때 역량이 높으며, 역량이 높고 평생교육이 활발한 사회가 생산성이 높다는 점을 보여 주고 있다.

두 번째로 기본사회는 이러한 양질의 서비스를 누구에게나 조건 없이, 필요에 따라, 고르게 제공하기 때문에 불평등이 완화되고 더 많은 사람에게 공정한 기회가 부여되며, 그래서 그 자체로 '공정한 성장' 전략의 기반이 된다. 이미 많은 연구가 취약 시기 소득보장이 강화되고 보편적 기본서비스가 제공되면 지니계수가 유의미하게 낮아지는 것을 보여 주고 있다. 이러한 토대 위에 공정한 시장질서가 확립되고 지대추구 행위와 갑의 횡포를 극복하면 공정한 성장 전략이 보다 굳건해지게 된다.

세 번째로 기본사회를 통해 불평등이 완화되고 공정한 기회가 제공됨에 따라, 더 많은 사람이 고른 기회를 받고 역량을 축적해 사회경제적 활동에 활발하게 참여하게 되면, 혁신과 첨단사회가 요구하는 인재가 더 많이 배출되며, 우리 경제 전반의 생산성을 높이는 것으로 이어져 경제성장에 도움이 된다. 이러한 과정에서 더 많은 인재의 배출은 3대 전략 중 '기술주도성장'이 이루어지는 과정과 연관된다.

네 번째, 기본사회 심화로 불평등이 완화되고 소득재분배가 강화되면, 사회의 총수요가 높아져 부족한 수요를 메우는 좋은 전략이 된다. 일반적 경제 이론에서 시장 균형은 수요와 공급에 따라 결정된다. 하지만 성장 잠재력, 즉 장기 성장은 궁극적으로 공급에 의해 결정된다. 수요가 공급에 미치지 못해도 장기적으로는 가격이 하락해 조정되며, 결국 생산능력 확보에 따라 수요가 자연스럽게 따라오기 때문이다. 진짜성장은 이러한 기본적 경제이론에 맞추어 공급 측면, 특히 생산성을 확대시키는 방향에 초점이 맞추어져 있는데, 기본사회는 앞서의 설명과 같이 생산성 확대에도 기여하지만, 무엇보다 재분배 강화로 수요를 진작시켜 공급의 확대, 다시 수요 확대로 이어지는 긍정적 상호작용을 배가시키게 된다. 즉, 기본사회가 진짜성장의 가속기(accelerator)가 되는 것이다. 이러한 일련의 기본사회 효과는 진짜성장의 3대 전략에 모두 맞닿아 있고 진짜성장을 빠르게 확대시키는 기반이 된다. 이 점에서 G20을 비롯하여 OECD나 IMF와 같은 국제기구들도 포용성장, 참여성장(inclusive growth)이 시대에 맞는 성장모형이라고 주장한 것이다.

마지막으로, 기본사회는 그 가치에서부터 이미 지속가능성을 지향하고 환경보호와 기후위기 대응에 도움이 되는 여러 제도를 장려한다. 햇빛바람연금이나 에너지자립마을, RE100 생산기지 조성이 대표적 사례인데, 이러한 정책들은 지역 단위에서의 에너지 전환과 산업 업그레이드에 기여하며, 기술주도 성장을 위한 무수한 실험 사례를 제공해 주게 될 것이다. 비단 에너지뿐만 아니라 AI와 복지의 접목 역시 기술주도 성장을 위한 밑거름이 된다.

흔히 기본사회를 고봉에 오르기 위한 전진기지(basecamp)에 많이 비유한다. 에베레스트 같이 높은 산을 오르는데 누군가는 지름길로 쉽게 올라가거나 헬기를 타고 산 중턱에서 출발하는 반면, 누군가는 초입부터 고생을 하며 올라가느라 중턱에서 포기하는 경우가 적지 않다. 하지만 해발 5,000m 정도에 베이스캠프가 꾸려지고 여기까지 짐꾼이 짐을 들어주며 같이 도와주어 올라간다면, 베이스캠프에서 휴식도 취하고 물자도 정비해 다시금 정상을 오르는 발판이 된다. 기본사회는 국가 공동체가 이 베이스캠프의 역할을 하는 것을 의미한다. 출발점이 달라도 베이스캠프까지 오르게 도와주고 베이스캠프에서 체력을 보충하며 정상에 오를 수 있도록 도와주는 것, 이것이 기본사회다. 5,000m부터는 각자의 역량에 따라 정상에 도전하게 되는데, 해발 6,000m, 7,000m 고도를 높여가며 2차, 3차 베이스캠프를 구축하면 정상에 도전하기가 더욱 수월해진다. 우리 사회가 발전하고 기본사회가 심화되면 기본권의 범위와 내용도 확대될 것이고, 이에 더 높은 수준의 삶과 자유를 기대할 수 있게 된다. 이러한 기본사회의 고양이 2차, 3차 베이스캠프를 구축해 가는 과정과 같다. 이처럼 기본사회는 그 자체로도 개인의 역량과 삶의 질을 높이는 베이스캠프이지만, 앞서 설명했듯 진짜성장의 3대 전략에 맞닿아 있고 이를 가속화하기 위한 기반이라는 점에서, 진짜성장을 위한 베이스캠프이기도 한 것이다. 우리 각자를 위해서, 그리고 모두의 삶과 진짜성장을 위해서도 기본사회라는 베이스캠프를 단단하게 구축할 시기가 되었다.

참고문헌

- 강경훈·류덕현·박민수·이동진·주병기·하준경·한재준(2025), 「불확실성 시대의 새로운 경제 패러다임에 관한 연구」, 민주연구원 용역보고서
- 강지원(2017), 대기업집단에 대한 계열분리·기업분할명령제 도입의 쟁점, 이슈와 논점, 1305호.
- 공정거래위원회(2025), 2025년도 공시대상기업집단 지정 결과, 2025년 5월 1일
- 과학기술정보통신부(2024a), 「2023년도 연구개발활동조사보고서」
- 과학기술정보통신부(2024b), 「2025년도 국가연구개발 투자방향 및 기준(안)」
- 과학기술정보통신부(2024c), 「2024 지방과학기술연감」
- 관계부처합동, (2024), "석유화학산업 경쟁력 제고 방안(2024.12.23.)"
- 국정기획위(2025), 「대한민국 진짜성장을 위한 전략」
- 김민정·김윤겸(2019), 「R&D 투자와 생산성 간의 관계」, 한국은행 연구용역 보고서.
- 김세직(2021), 「모방과 창조」, 브라이트 출판사.
- 김영철(2018), "4차 산업혁명 시대의 대학진학률", KDI 인사이트
- 김원규(2020a), "대·중소기업 간 생산성 격차 원인분석", 산업연구원 Issue Paper, 2020-03.
- 김원규(2020b), "산업혁신정책의 효과분석과 정책적 시사점", 산업연구원 Issue Paper, 2020-16.
- 대외경제정책연구원(2024), "2024 미 대선 이후 재생에너지 정책 전망과 시

시점".
- 대한상공회의소(2024), 「국내 제조기업의 RE100 참여 현황과 정책과제」.
- 문화체육관광부(2025), 「2023년 기준 지역문화실태조사」, 2025년 4월.
- 민주연구원(2025), 「국가균형성장을 위한 국토공간 혁신전략」, 민주연구원 국토공간 혁신전략TF
- 민주연구원(2025), 「에너지고속도로 10문10답」 핸드북
- 벤처캐피탈협회, 월별 Venture Capital Market Brief, 2014~2024년.
- 벤처캐피탈협회, 월별 창업투자 현황, 2006~2014년.
- 산업연구원(2022), "혁신도시의 성과와 향후 과제", I-KIET 산업경제이슈, 제144호.
- 신지섭·주병기 (2021). 한국노동패널과 가계동향조사를 이용한 소득기회불평등의 장기추세에 대한 연구. 경제학연구, 69(1), 51 – 95.
- 에너지경제연구원(2024), "국제 RE100 동향과 단기 전망"
- 이동진(2022), "사라진 경제성장의 역동성과 변동성", 한홍렬·이동진 外 著 「10대 지표로 보는 한국경제」, 코리아컨센서스.
- 이상호 (2018), "중소기업 R&D 지원의 정책효과와 개선방안", KDI Focus, 제89호.
- 이수진 외(2021), 불공정거래 등 피해자 지원기금법안, 의안번호 11271, 발의연월일 2021년 7월 1일 (이수진의원 대표발의)
- 이철희(2024), 「일할 사람이 사라진다 : 새로 쓰는 대한민국 인구와 노동의 미래」, 위즈덤하우스
- 이한주 외(2021), 「공정사회를 만드는 새로운 복지」, 시공사
- 이한주 외(2021), 「지속가능한 공정경제」, 시공사
- 이한주 외(2025), 「잘사니즘-포용적 혁신성장」, 다반
- 이한주 외(2025), 「기본사회」, 다반
- E컨슈머(2024), 「산업인프라 조성 및 인공지능 활용 지원을 위한 업계 수요 파악」.

- 전국경제인연합회(2022), "R&D 투자 현황과 시사점", 2022.4.20.
- 정유진(2018), 「상호출자제한기업집단 소속 상장회사의 사외이사후보추천위원회 독립성 검토」, Korea Corporate Governance Service.
- 주병기(2021), "대학입학 성과에 나타난 교육 기회불평등과 대입 전형에 대한 연구", 조세재정브리프 제118호.
- KDI 국제정책대학원・에너지경제연구원・산업연구원・한국환경연구원(2021), 「RE100이 한국의 주요 수출산업에 미치는 영향」, 더클라이밋그룹 & 한국RE100위원회.
- 한국은행(2024), "지역경제 성장요인 분석과 거점도시 중심 균형발전", BOK 이슈노트 제2024-15호.
- 한국은행(2021), "우리나라의 생산성 둔화요인과 개선방안", BOK 이슈노트, 제2021-3호.
- 한국은행(2024), "우리 경제의 잠재성장률과 향후 전망", BOK 이슈노트, 제2024-33호.
- 한국개발연구원(2024), 「중장기규제혁신 최종보고서(비공개)」
- 한국개발연구원(2024), 「규제체계와 규제영향분석의 주요 제도 연구」
- 한국개발연구원(2024), "한국경제 생산성 제고를 위한 개혁방안", KDI 컨퍼런스자료집
- 한국개발연구원(2025), "2025 상반기 잠재성장률 전망과 정책적 시사점", 2025.5.8.
- 한국건설산업연구원(2025), "건설산업 재탄생 전략: 1장 산업체계 대전환", 한국건설산업연구원 이슈페이퍼.
- 한국과학기술기획평가원(2025a), "3대 게임체인저 분야 기술수준 심층분석 ① - 반도체 강국으로 재도약을 위한 미래 이슈", KISTEP 브리프 170.
- 한국과학기술기획평가원(2025b), "AI로 인한 전력 수요의 폭발적 증가와 대응방안", KISTEP 브리프 181.
- 한국무역진흥공사(2025), "미국신정부 출범 1개월, 정책이 바꾸는 미국 유망

시장", Global Market Report 25-003
- 한국산업단지공단(2025), 「2025 인포그래픽으로 보는 전국산업단지」
- 한국산업은행 미래전략연구소 (2022), 「코로나19 이후 해외 스타트업 정책동향과 주요 변화」 정책보고서.
- 한국은행(2023), 「초저출산 및 초고령사회: 극단적 인구구조의 원인, 영향, 대책」, 중장기 심층연구
- 한국전력공사(2025), "제11차 전력수급기본계획관련 장기 송변전 설비계획"
- 한국지능정보사회진흥원(2025), "기업 내 AI 활용 현황 및 애로사항 분석: 제조업을 중심으로", IT & Future Strategy 2025-2.
- 한국지능정보사회진흥원(2025b), "투자 규모를 중심으로 본 주요국 AI 정책 동향", The AI Report 2025-6.
- 한국철강협회(2023), 「2023년 철강산업 동향」.
- 한국콘텐츠산업진흥원(2024a), 「2023 콘텐츠산업 경제적 파급효과 분석 연구」.
- 한국콘텐츠산업진흥원(2024b), 「2023 콘텐츠산업백서 연차보고서」.
- 한국콘텐츠산업진흥원(2025), 「2024년 4분기 및 연간 콘텐츠산업 동향분석 보고서」.
- Acemoglu, D., J. Robinson (2012), Why Nations Fail: The Origins of Power, Prosperity, and Poverty, Crown Business.
- Brynjolfsson, E., Rock, D., & Syverson, C. (2017). "Artificial Intelligence and the Modern Productivity Paradox: A Clash of Expectations and Statistics". NBER Working Paper, (w24001).
- Gordon, R. J.(2017). "The Rise and Fall of American Growth", 이경남 역, 「미국의 성장은 끝났는가 : 경제혁명 100년의 회고와 인공지능 시대의 전망」, 생각의 힘
- Juhász, R., Lane, N., & Rodrik, D. (2023). "The New Economics of Industrial Policy". Annual Review of Economics, 16.

- Mazzucato, M. (2013). The Entrepreneurial State: Debunking Public vs. Private Sector Myths. Anthem Press.
- Mazzucato, M. (2021). Mission Economy: A Moonshot Guide to Changing Capitalism. Penguin.
- North, D.C. (1994), "Economic Performance Through Time", The American Economic Review, 84, 3, 359-368.
- SIPRI(2025), 〈Trends in International Arms Transfers, 2024〉, https://www.sipri.org/publications/2025/sipri-fact-sheets/trends-international-arms-transfers-2024
- Solow, R. M. (1987), "We'd Better Watch Out", New York Times(1987.7.12.).
- OECD(2014), OECD Reviews of Innovation Policy: Industry and Technology Policies in Korea.
- OECD(2023), OECD Reviews of Innovation Policy: KOREA 2023.
- OECD(2024a), Main Science and Technology Indicators July, 2024.
- OECD(2024a), R&D Statistics, 2024
- Todaro, M., and S. Smith(2020), Economic Development. 13th ed., Pearson Education.
- UNDP(2017), "Achieving Inclusive Growth and Prosperity by Bolstering Human Capital: Lessons from Korea", SUSTAINABLE DEVELOPMENT GOALS Policy Brief Series No.8.
- World Bank Group (2024), "The Effects of Matching Grants on Technology Startups: The Case of Korea's TIPS", Finance, Competitiveness and Innovation Global Practice Report.
- World Economic Forum (2020), Global Competitiveness Report 2020.

주

1. 유엔무역개발회의(UNCTAD)가 공식적으로 한국의 지위를 개발도상국에서 선진국으로 격상한 것은 2021년 7월이다.
2. https://hai.stanford.edu/ai-index/global-vibrancy-tool
3. 한국개발연구원(2025), 한국은행(2024), 경향신문(2025.7.7.), "OECD "한국 잠재성장률 올해 사상 처음 1%대로 하락 전망"" https://www.khan.co.kr/article/202507070635001
4. 예컨대 호주 Lowy Institute는 하드파워와 소프트파워를 종합한 "comprehensive power" 지수에서 한국을 세계 7위로 평가했다. 또 미국 US News에서 발표한 국력 순위에서는 한국이 6위를 차지했다(https://www.usnews.com/news/best-countries/rankings/power).
5. https://hai.stanford.edu/ai-index/global-vibrancy-tool
6. https://hai.stanford.edu/ai-index/2025-ai-index-report
7. 한겨레(2025.4.24.), "딥시크, AI 질문 내용도 틱톡 계열사에 유출" https://www.hankyung.com/article/2025042442561
8. 한겨레(2025.6.27.), "독일, 앱스토어에서 딥시크 퇴출 요구…개인정보 불법 유출" https://www.hani.co.kr/arti/international/europe/1205151.html
9. 한국지능정보사회진흥원(2025a)에 따르면, 기업의 36.8%는 "적합한 정보·인프라 부족"을, 34.7%는 "전문 인력 부족"을 AI 도입의 가장 큰 장애로 지목했다.
10. E컨슈머(2024)

11 https://www.nitrd.gov/ai-rd-investments/?utm_source=chatgpt.com, https://www.nextgov.com/policy/2024/03/bidens-167-trillion-budget-boosts-tech-ai/394841/?utm_source=chatgpt.com

12 한국지능정보사회진흥원(2025b)

13 슈테판 하르퉁(Stefan Hartung) 보쉬(Bosch) 최고경영자(CEO)는 2025년 6월 독일 슈투트가르트에서 개최된 기술 컨퍼런스에서 "유럽은 과도한 규제로 인공지능의 미래를 불필요하게 지연시키고 있다"고 말했다..https://www.reuters.com/technology/bosch-ceo-warns-europe-against-regulating-itself-death-ai-2025-06-25/

14 AI Bill of Rights(정식 명칭: Blueprint for an AI Bill of Rights)는 2022년 10월 OSTP(과학기술정책실)가 발표한 자율적인 가이드라인으로, 법적 구속력은 없지만 AI 시스템 설계·사용 전반에 대한 다음의 5가지 핵심 원칙을 제시하고 있다. ①안전하고 효과적인 시스템(Safe & Effective Systems), ②알고리즘 차별 방지(Algorithmic Discrimination Protections), ③데이터 프라이버시(Data Privacy), ④알림 및 설명 의무(Notice & Explanation), ⑤인간 대체 및 예외 설정(Human Alternatives, Consideration & Fallback).

15 Reuters(2025.6.25.), "US lawmakers introduce bill to bar Chinese AI in US government agencies", https://www.reuters.com/world/china/us-lawmakers-introduce-bill-bar-chinese-ai-us-government-agencies-2025-06-25/

16 중앙일보(2025.4.2.), "외국 우수인재 유치한다… 법무부, '톱티어' 비자 시행"https://www.joongang.co.kr/article/25325530

17 https://education.ec.europa.eu/event/empowering-learners-for-the-age-of-ai-draft-ai-literacy-framework-launch

18 Solow(1987.7.12.), Gordon(2017), Brynjolfsson et al.(2017).

19 조선일보(2024.12.2.), "8대 핵심산업, 7개는 중국에 밀렸다"https://www.chosun.com/economy/industry-company/2024/12/02/

IJJHZ4NGYBHGXFFTDQB5XJYFOM/

20 한국과학기술기획평가원(2025a)에 따르면 국내 전문가들은 '24년 현재 한국의 반도체 분야 5개 기술 기초역량이 모두 중국에 뒤지는 것으로 평가함.

21 Mazzucato, M. (2013, 2021)의 '임무지향적 산업정책(mission-oriented industrial policy)' 개념 참조.

22 Grand View Research. South Korea Digital Media Market Size & Outlook, 2024-2030. https://www.grandviewresearch.com/horizon/outlook/digital-media-market/south-korea?utm_source=chatgpt.com

23 뉴스1(2025.6.10.), "K-콘텐츠로 한국여행 유도…관광공사, 넷플릭스와 손잡았다" https://www.news1.kr/industry/hotel-tourism/5808548

24 한국경제(2025.6.23.), "K 방산 수입 12개국으로 늘어…올해 수출 200억 달러 넘는다" https://www.hankyung.com/article/2025062326161

25 월간통상(2024.3월), "우크라이나 · 러시아 전쟁: 첨단 통신과 AI가 보여준 미래전 모습" https://tongsangnews.kr/webzine/202403/2024031380059.html, 경향신문(2024.3.28.), "'AI 실험실' 된 가자전쟁…이스라엘, 안면 인식까지 동원 주민 감시" https://www.khan.co.kr/article/202403281601041

26 AI 매터스(2025.6.11.), "전 세계 방산업체 54%, "AI가 가장 중요"… 오픈AI도 무기 개발 나선다" https://aimatters.co.kr/news-report/ai-report/23320/

27 에너지경제신문(2025.5.22.), "AI 시대에 전력망 적기 확충 국가 경쟁력 좌우…정부 · 한전만으론 해결 한계"

28 뉴시스(2024.11.12.), "中 반도체 '물량 공세'…D램 '빅3' 턱밑까지 왔다", https://www.newsis.com/view/NISX20241111_0002954901

29 현대차그룹 'HMGMA' 공장 개념 허문 스마트 팩토리… 아틀란스 실전 투입, https://auto.danawa.com/news/?Tab=A&Work=detail&no=5782743

30 SK C&C, 제조공장 맞춤형 'AI 예지정비'로 사고위험↓ 생산성↑, https://m.etnews.com/20240522000123

31 국가기록원, "과학기술 중장기 정책 및 계획"

32 연합뉴스(2023.10.5.), "中 3배로 뛸 동안…한국 'R&D 상위 기업' 8년 만에 27개 줄어" https://www.yna.co.kr/view/AKR20231005060200003

33 과학기술정보통신부(2024b)

34 동아사이언스(2024.8.21.), "네이처인덱스 "한국 R&D 투자 대비 성과, 놀라울 정도로 저조"" https://m.dongascience.com/news.php?idx=67088

35 OECD(2023)

36 뉴스1(2023.10.9.), "10년간 중소기업 R&D 투자규모 늘었지만, 사업화성공률 제자리·생산성 지표는 하락" https://www.news1.kr/local/daegu-gyeongbuk/5191642

37 통계청 KOSIS, 2025.6.8. 확인.통계청 KOSIS, 2025.6.8. 확인.

38 부산상공회의소, "2023년 매출액 기준 전국 1000대 기업 중 부산기업 현황"(2024.11.27)

39 참여정부 시절(2004.1.16.일자) 제정된 〈국가균형발전 특별법〉은 윤석열 정부 들어 〈지방자치분권 및 지방행정체제개편에 관한 특별법〉과 통합되어 〈지방자치분권 및 지역균형발전에 관한 특별법〉으로 제정됨.

40 산업연구원(2022).

41 아시아경제(2025.6.30.), "김경수 지방시대위원장 "5극3특 전략·행정수도 이전 반드시 성공"" https://www.asiae.co.kr/article/2025063014194983536

42 한국에너지공단 신재생에너지센터, 〈보급통계 발전량〉

43 한국산업단지공단(2025)

44 대한민국 정책브리핑(2022.1.5.), "스마트그린 산업단지", https://www.korea.kr/special/policyCurationView.do?newsId=148897703

45 통계청, '2024년 가계금융복지조사 결과', 2024.12.9

46 UBS, 'Global Wealth Report 2025'

47 정부, 경제계와 규제개혁 '원팀'…샌드박스 컨트롤타워도 신설(한국경제), https://www.hankyung.com/article/2025062471521

48 고위 추계(높은 출산율-기대수명-국제순이동) 가정 시 2072년 인구는 4,282만 명(1990년 수준), 저위 추계 가정 시 2072년 인구는 3,017만 명(1967년 수준)으로 전망된다.

49 한국은행 (2023) 등 한국의 저출산과 관련된 다양한 분석들은 청년 고용불안, 높은 주택가격, 수도권 집중 등을 해소해야 한다고 지적하고 있다.

50 [파이낸셜뉴스] "은마 10억 되면 아이 낳는다"…충격의 저출산 보고서 [부동산 아토즈], 이종배 기자, 2023.12.09.